REVUE ARCHÉOLOGIQUE

PUBLIÉE SOUS LA DIRECTION

DE MM.

E. POTTIER ET S. REINACH

MEMBRES DE L'INSTITUT

M. ANDRÉ JOUBIN

QUELQUES ASPECTS ARCHÉOLOGIQUES DU LANGUEDOC MÉDITERRANÉEN

PARIS
ÉDITIONS ERNEST LEROUX,
28 RUE BONAPARTE (VIe)

1921

[Rev. Arch., 1920, t. VII, pp. 269-309.]

QUELQUES ASPECTS ARCHÉOLOGIQUES
DU LANGUEDOC MÉDITERRANÉEN

Θάλασσα, Θάλασσα.
Xénophon, *Anabase*, IV, 7, 24.

Le Languedoc Méditerranéen.

Définitions et limites.

Montpellier occupe le centre d'une région qui présente des limites géographiques très nettes. Cette région, on l'appelle couramment le Bas-Languedoc. C'est là une désignation vague, insuffisante et surtout inexacte. Le nom de Languedoc s'appliquait, sous l'ancien régime, à une immense province qui s'étendait des Pyrénées au Velay et de Beaucaire à Montauban. Elle englobait ainsi les territoires et les populations les plus variées. La division en Haut et en Bas Languedoc, chacun avec sa capitale, Toulouse et Montpellier, représentait une fiction administrative du même ordre que celle qui répartit aujourd'hui le territoire du Bas-Languedoc entre les départements du Gard, de l'Hérault et de l'Aude. En réalité, rien n'est plus différent du Haut-Languedoc que le Bas-Languedoc, Le terme de Languedoc appliqué à notre région ne nous renseigne donc que sur une période relativement courte de son passé historique, et le qualificatif de « Bas » rappelle seulement un des aspects secondaires du pays qui s'étend au pied des Cévennes. Bas-Languedoc, c'est là, en définitive, une appellation imaginée par un gouvernement centralisé, dont le siège se trouve ailleurs, bien loin. Si elle paraît juste à des Parisiens, elle l'est beaucoup moins pour nous, habitants de la région Nous sentons confusément que le développement de notre pays n'a pas été toujours dans le passé, lié à celui de Paris, et que l'histoire de Clovis nous est, ici, indifférente. Nous sommes ici en France, c'est entendu. Mais la France ne se compose-t-elle pas de plusieurs Frances, et le moment n'est-il pas venu, pour le bien de la plus grande France, d'essayer de caractériser chacune d'elles? Cherchons donc à fixer les limites naturelles du pays qui s'étend aux pieds des Cévennes, à en déterminer les traits essentiels. Peut-être trouverons-nous alors, pour le désigner, un terme plus expressif que celui de Bas-Languedoc.

Tout d'abord, ce pays présente, au Sud, sur la Méditerranée une façade constituée par une ligne de plages ou parfois un simple cordon littoral ; elle va de l'embouchure du Rhône à celle de l'Aude. En arrière du cordon littoral s'étend un chapelet de lagunes, continues d'une époque géologique antérieure, partiellement comblées depuis par des sables marins et des alluvions fluviales. Ces lagunes communiquent avec la mer par passages ou « graus », — du latin « gradus » — dont l'emplacement est très variable. Puis, derrière les étangs, on rencontre la plaine; bientôt une série de plissements s'élève jusqu'aux cîmes des massifs montagneux des Cévennes qui constituent la ligne de partage des eaux de la Méditerranée et de l'Océan. Une centaine de kilomètres, comptés de Palavas à l'Aigoual, sépare la mer de cette ligne de faîte.

A l'Est, la limite du pays est formée par le Rhône, à partir du moment où le fleuve sortant du défilé de Pierrelatte, un peu avant le confluent de l'Ardèche, pénètre dans la plaine méridionale, au pays de l'olivier, du chêne vert, du mûrier et du mistral. A l'Ouest enfin, le seuil de Naurouze et le Carcassonnais marquent l'extrême frontière, et même la marche avancée de notre région.

Ainsi, le territoire que nous venons de définir entre la mer et la cîme des Cévennes d'une part, le Rhône et l'Aude de l'autre, forme une longue et étroite bande de terre, arrondie en hémicycle comme un amphithéâtre gigantesque dont la convexité serait tournée vers la mer. Pour caractériser ce pays un mot se présente immédiatement à l'esprit : celui de méditerranéen. Ce pays, qui a une façade en bordure sur la Méditerranée, participe au climat, à la lumière, à la végétation, à la civilisation de la Méditerranée.

Unité du monde méditerranéen. Le climat.

L'unité du monde méditerranéen est une notion qui commence à se dégager des études des biologistes et des historiens. Cette unité se manifeste d'abord dans le climat. Par climat il faut entendre un ensemble complexe de phénomènes liés à la distribution saisonnière de pluies peu fréquentes. Des chutes d'eau abondantes, souvent violentes et toujours très passagères, arrosent les pays méditerranéens en automne et parfois au début du printemps. Après ces déluges, le ciel reprend tout de suite son éclat ; le soleil réchauffe le sol, même au cœur de l'hiver, et entretient l'activité de la végétation. Tout au plus, aux limites même du domaine, du côté du Nord, la vie végétale est-elle parfois suspendue pendant quelques semaines, de la Noël à la fin janvier. Dans les régions plus éloignées des influences atlantiques, les pluies se font plus rares, concentrées en quelques jours d'hiver; il arrive qu'on les espère en vain, et ce sont les années de famine.

Des montagnes orientées de l'Ouest à l'Est mettent presque partout les pays méditerranéens à l'abri des vents froids du Nord et leur assurent le bénéfice constant qu'ils tirent du voisinage de la mer, chaude en ses profondeurs (+ 13° C. à partir de 300 mètres de profondeur).

L'été, chaud et sec, avec des périodes sans nuages de 90 à 150 jours et plus, l'automne prolongeant fort avant les avantages de l'été auxquels s'ajoutent l'abondance et la variété des fruits de la terre, l'hiver réchauffé par le soleil, enfin par dessus tout une lumière brillante et pure, voilà les éléments essentiels du climat méditerranéen. Il se recommande, on le voit, par son caractère éminemment confortable.

Végétation.

C'est surtout sur la végétation que s'exerce l'influence du climat. Comme les plantes, fixées au sol et soumises aux influences climatiques, traduisent, mieux que les observations les plus complètes, les moindres nuances du climat, la vie végétale rend sensible aux yeux les moins expérimentés les limites et l'aspect du monde méditerranéen. Les forêts de chênes à feuilles persistantes, avec l'ensemble variable des végétaux qui les peuplent, voilà ce qui caractérise le climat méditerranéen. D'un bout à l'autre de la Méditerranée, on rencontre la même végétation correspondant aux mêmes exigences climatiques.

De l'Espagne et d'Oran à la Grèce et à la Judée s'étendent les mêmes garrigues parfumées de Labiées aromatiques. De l'Algarve aux pentes inférieures du Caucase, en passant par la Corse et les rives de Raguse, par nos côteaux des Maures ou par les basses montagnes de l'Afrique mineure, on trouve les mêmes maquis avec les mêmes Bruyères, les Genêts épineux et les Cistes, ombragés çà et là de Chênes-Liège. Tout autour de la Méditerranée et sur ses îles, le même Chêne vert domine la végétation, formant partout des taillis qui partout se ressemblent. Du Maroc à la colline sainte de Jérusalem, à travers l'Espagne et la Ligurie, l'Afrique romaine et les îles grecques, ce sont les mêmes forêts ou les mêmes jardins d'oliviers. Les mêmes Cyprès pointent leurs cîmes dans le ciel éclatant de Montpellier, de Corfou, de Constantinople ou de Tunis.

Comme au temps d'Ulysse, les nautonniers taillent la quille de leurs nefs dans le tronc de Pins parasols, l'hôte habituel des plages méditerranéennes, le décor obligé du paysage de la baie de Naples. Le pin d'Alep ou de Jérusalem dévale le long des ravins, se cramponne aux falaises et couvre de forêts les collines ensoleillées tout autour de la Méditerranée. Les restes des forêts de Cèdres, bien pareilles à elles-mêmes font encore la gloire des sommets du Liban et de ceux de l'Atlas. Partout, le même Laurier ombrage les sources et les ruisseaux. Partout, les mêmes « lis des champs », — nos Asphodèles sans doute, — sont « aussi magnifiquement vêtus » qu'au pays de Salomon. Partout, des troupeaux de moutons, parcourent, sans jamais s'arrêter, de maigres herbages où leur pied soulève des nuages de poussière. Tout autour de la Méditerranée, du pays de Juda aux rivages atlantiques du Maroc, depuis avant l'histoire, des peuples pasteurs, avec la même insouciance, ont fait les mêmes déserts.

On crut pendant longtemps qu'il fallait chercher dans l'orient méditerranéen, avec le berceau de l'humanité, l'origine de plusieurs des végétaux les plus utiles à l'homme. C'était le cas de la Vigne, de l'Olivier, de l'Amandier et de plusieurs autres. On a la certitude aujourd'hui que la Vigne se trouvait dans l'Europe occidentale et méditerranéenne dès l'époque néolithique ; on l'a même découverte fossile en Languedoc et en Provence, dans des dépôts antérieurs à l'apparition de l'homme. L'Olivier est sûrement spontané au sud de l'Oranie et l'Amandier au bord méridional du Tell oranais. Il est donc bien inutile, pour ces arbres comme pour bien d'autres, d'invoquer le transport de proche en proche, de l'Orient vers l'Occident par les peuples migrateurs ou seulement grâce aux échanges entre les peuples méditerranéens. Les premiers peuples riverains du beau lac azuré ont trouvé à peu près partout sur place les mêmes végétaux, les plus nécessaires à leur vie et à leur établissement.

Peuplement méditerranéen.

On s'explique alors que dans un monde étendu comme celui de la Méditerranée, où se trouvent réunies des conditions communes de climat, de végétation et de vie, se soient établies de très bonne heure des relations entre les divers groupes de riverains. Tout événement important qui se produisait en un point avait son contre-coup sur le reste du rivage. Ulysse, l'*homo mediterraneus* par excellence, symbolise l'unité de la vie méditerranéenne, au début du Ier millénaire, de l'Égypte aux Colonnes d'Hercule.

On comprend enfin comment le pays méditerranéen, le pays des fruits savoureux, de la chaleur et de la lumière, le pays de la vie facile et confortable, ait été pour tous les Barbares de l'Ancien continent une sorte de terre promise où chacun, Hébreux, Arabes ou Mongols, Germains, Slaves ou Normands, ait voulu se tailler sa part.

Languedoc méditerranéen.

C'est à ce monde méditerranéen que se rattache par son climat, sa végétation, son aspect physique et sa population le morceau de terre languedocienne que nous habitons et dont nous avons fixé les limites. En proposant de remplacer le nom vague et insuffisant de Bas-Languedoc, sous lequel on le désigne habituellement, par celui de Languedoc méditerranéen, nous croyons trouver dans cette expression nouvelle une précision, un sens e une portée qui donnent à ce pays sa signification essentielle.

Le pays des passages languedociens.

D'autres traits nous permettront d'en compléter la physionomie propre. Dans le monde méditerranéen, chaque partie joue un rôle spécial, déterminé par ses aspects particuliers. Le Languedoc méditerranéen se distingue nettement de ses voisins, le Roussillon, la Catalogne ou la Provence.

La longue et étroite bande de terrain qui se développe, du Rhône à l'Aude, entre les Cévennes et la mer, présente un système orographique compliqué. Il comprend une série de montagnes et de plissements généralement parallèles à la côte, depuis le premier pli de la Gardiole jusqu'au massif culminant de l'Aigoual. De là une conséquence importante : les routes, dans le Languedoc méditerranéen, sont parallèles à la mer et orientées de l'Est à l'Ouest ou inversement; ces routes forment une sorte de couloir qui sert à faire communiquer l'Orient méditerranéen avec l'Occident méditerranéen d'abord, la Provence avec le Roussillon, l'Italie avec l'Espagne, mais, bien plus encore, le monde méditerranéen avec le monde atlantique, par le seuil de Naurouze. C'est donc là une des plus importantes et aussi une des plus vieilles routes de l'Ancien continent. Dans son *Tableau de la Géographie de la France*, Vidal de la Blache a excellemment caractérisé ces « passages du Languedoc » qui formaient, à Narbonne, la tête de l'isthme gaulois.

Dans ce pays de passage, l'étude des routes présente donc un intérêt particulier.

La route de plaine.

Il en est une qui se laisse facilement déterminer : c'est la route de plaine qui joint le Rhône et l'Aude, d'Arles à Narbonne. C'est l'ancienne voie Héracléenne de l'époque préhistorique, la voie Domitienne des Romains, celle que suit aujourd'hui la ligne du chemin de fer. Elle était destinée à réunir tous les centres humains qui s'étaient formés dans la plaine. Arles, le premier port sur le Rhône, Narbonne, au fond de sa rade close, à la bifurcation de la route d'Espagne et d'Aquitaine, en étaient les têtes de ligne. Entre ces deux grands centres, des postes gardaient le passage, — gué ou pont — des fleuves : Ambrussum, près de Lunel, sur le Vidourle; Substantion, près de Montpellier, sur le Lez; Béziers, sur l'Orb. Ajoutez enfin Nîmes qui doit à sa merveilleuse fontaine d'avoir toujours fait figure de capitale, et vous aurez cité toutes les villes anciennes qui se sont développé dans la plaine en fonction de la route qui les traversait.

La route de montagne.

A mesure qu'on s'éloigne de la mer pour se rapprocher des Cévennes et qu'on s'élève vers le haut pays, on rencontre des routes qui suivent la direction générale de la route de plaine. D'abord, des villes se sont formées de bonne heure au pied des monts, comme Alais, le Vigan, Lodève, pour garder les passages vers le Nord et assurer les échanges entre la plaine et la montagne. Ces villes étaient reliées entre elles par des routes qui suivaient les vallées. Puis, au cœur même des montagnes, la profonde dépression formée par la haute vallée de l'Orb et celle du Jaur établissait une voie naturelle, parallèle à la route de plaine. et qui, par Bédarieux, Olargues et Saint-Pons, conduisait au seuil des pays atlantiques. La nature y est rude le pays pauvre et les villes modestes; mais la route s'y déroulait, plus sûre souvent que dans le bas pays si fréquemment parcouru par les envahisseurs ou les brigands.

La route des étangs.

A côté de ces deux routes de terre, il en existe ou plutôt il en existait une troisième, d'une importance capitale. Elle est aujourd'hui complètement abandonnée. Aussi les historiens négligent souvent d'en tenir compte. Ils s'exposent ainsi à méconnaître un des caractères les plus remarquables des « passages de Languedoc », et le rôle qu'il sont joué dans l'histoire de la civilisation. Cette route était une route d'eau. D'Arles à Narbonne, elle empruntait les bras des fleuves, Rhône, Hérault, Aude, qui débouchaient dans la lagune; d'un bras à l'autre, derrière le cordon littoral, à l'abri des vents et des pirates, les étangs, peu profonds, communiquant par les graus avec la mer, offraient une route sûre à la navigation. C'était la mer, mais la mer canalisée, un large fleuve aux eaux tranquilles.

Cette route d'eau répond à des conditions maritimes et économiques si différentes des conditions actuelles qu'il faut, pour la reconstituer, un effort d'imagination archéologique. Le Languedoc agricole d'aujourd'hui, avec sa bordure de lagunes et de bas-fonds si peu propices à la navigation moderne, nous fait oublier qu'il eut jadis une vie essentiellement maritime. Ce sont justement ces conditions défavorables pour nos marines qui attirèrent les navigateurs les plus anciens de la Méditerranné, Egéens, Phéniciens ou Grecs. La Provence, avec ses montagnes abruptes et ses populations barbares, n'était point prédestinée à ce rôle. Les côtes basses qui bordent le grand passage du Languedoc se prêtaient mieux aux exigences des marines primitives. Marseille, notre grand port méditerranéen, dont la fondation remonte au VIe siècle, a de moins lointaines origines qu'Arles ou que Narbonne.

L'importance de la route d'eau s'est maintenue au temps de la domination romaine. Mais c'est au moyen âge que cette voie atteint son complet développement. D'Arles à Narbonne, les bords de la lagune se couvrent de villes, qui sont autant de ports, grands ou petits, Saint-Gilles, Lunel, Mauguio, Lattes, Maguelone, Villeneuve, Vic, Frontignan, etc. Au milieu de ces villes, à peu près à mi-chemin d'Arles et de Narbonne, naît une cité, Montpellier, qui reste pendant deux siècles le plus grand entrepôt de la lagune languedocienne. Enfin, quand le roi de France veut s'ouvrir une fenêtre sur la mer intérieure, c'est dans nos lagunes, à Aigues-Mortes, que saint Louis fonde le premier port français sur la Méditerranée. Toutes ces villes illustres dans le passé, on les appelle, suivant l'expression si juste de M. Lenthéric, « les villes mortes du golfe du Lion ». Elles sont mortes en même temps que la route d'eau sur le bord de laquelle elles s'étaient développées.

Variations du rivage languedocien.

La déchéance de cette route d'eau tient à deux causes essentielles : les exigences de la navigation moderne, qui demande des eaux profondes, et les transformations physiques du rivage. La première s'est manifestée dès le XVIe siècle. L'autre s'est exercée de tout temps et les variations du rivage ont entraîné celles de la route d'eau et des villes qui la bordaient.

Le rivage du Languedoc méditerranéen est constitué par une grande plage, résultat de l'action mécanique des vagues qui brassent le sable de la mer. Ce sable est disposé en un mince cordon littoral qui isole de la mer une série de lagunes peu profondes. Le rivage, mobile et instable, se modifie sans cesse sous deux influences distinctes : celle des vents et des courants qui tendent à déplacer le cordon littoral et avec lui les « graus » ; celle des alluvions fluviales, qui, suivant l'importance des fleuves atterrissent la lagune et la mer elle-même.

Les modifications dues à la première de ces causes sont encore mal définies. Elles sont dans tous les cas, très lentes. On a pu supposer qu'une sorte d'équilibre s'était établi entre l'action des courants et des vents de sens contraire et que le cordon littoral présentait un tracé immuable dans les parties de la côte qui ne sont pas soumises aux atterrissements fluviaux. Mais l'hypothèse est contestable et notre connaissance des variations du cordon littoral dans le passé ne remonte pas assez loin pour que nous puissions risquer une affirmation.

Au contraire, les changements dus aux dépôts alluvionnaires se produisent sous nos yeux qui ne peuvent, d'une année à l'autre, en mesurer l'importance. Aussi n'est-il pas douteux que, depuis l'époque préhistorique, l'aspect du littoral se soit profondément modifié. Bien entendu, les variations du rivage sont proportionnelles à l'importance des dépôts fluviaux. Si le phénomène est identique, le résultat est différent à l'embouchure du Rhône ou à celle de l'Hérault, de l'Orb et de l'Aude.

Du côté du Rhône, nous pouvons déterminer avec quelque précision la marche des atterrissements. A l'origine de la période géologique actuelle, le Rhône débouchait dans un vaste golfe fermé, du côté de la mer, par un cordon littoral, dont les restes se voient encore dans la Sylve Godesque, au nord d'Aigues-Mortes. Les alluvions du fleuve ont comblé peu à peu le golfe, franchi le cordon littoral et gagné sur la mer. Le Rhône charrie par an 20 millions de mètres cubes de troubles, au moyen desquels il édifie des terrains nouveaux. Voici une observation qui permet de calculer à peu près la vitesse de ces atterrissements. La tour Saint-Louis, construite en 1736 sur le bord de la mer, s'en trouve aujourd'hui distante de 6 kilomètres environ, ce qui représente une progression annuelle d'une cinquantaine de mètres sur un front de plus de soixante kilomètres. On peut juger par là de l'importance des transformations qui ont dû se produire dans le delta du Rhône pendant la seule période historique. On comprend aussi les variations qu'elles ont déterminées dans le rôle économique des villes du delta, Arles, Saint-Gilles ou Aigues-Mortes, suivant qu'elles étaient accessibles ou non à la navigation.

A l'ouest du Rhône, l'aspect du rivage s'est beaucoup moins modifié. D'abord, les alluvions des petits fleuves côtiers, tels que le Bérange, le Salaison, le Lez ou la Mosson, n'ont pas réussi à atterrir même la lagune dans laquelle ils se jettent encore, en arrière du cordon littoral. L'Hérault, l'Orb et l'Aude ont « travaillé » davantage. Agde s'était, comme Arles sur le Rhône, fondée au point de diramation de l'Hérault. Une des branches du delta, aujourd'hui atterrie, se déversait dans l'étang de Thau, et établissait la communication entre la ville et la lagune.

Au début de l'époque géologique actuelle, l'Aude débouchait dans une lagune, séparée de la mer, non plus par un simple cordon littoral, mais par une rangée de longues îles rocheuses, les îles de la Clape. Le point de diramation du fleuve se trouve à Moussoulès. De là, l'un des bras, — le bras secondaire du delta primitif, — se dirige vers l'Est et constitue l'Aude actuelle. L'autre bras, remplacé aujourd'hui par la roubine de Narbonne, se dirigeait vers le Sud. Les modifications qui ont pu se produire pendant l'époque historique ne paraissent pas avoir été très profondes et ne sont nullement comparables à celles que nous avons signalées du côté du Rhône. La situation de Narbonne par rapport à la mer n'a pas beaucoup varié; Narbonne était un port fluvial, comme Agde, et les atterrissements de l'Aude dans la lagune se sont comportés comme ceux du Lez. Le colmatage produit depuis 2.000 ans n'a pas dû modifier beaucoup l'aspect des lieux, mais a comblé la rade dont la profondeur moyenne ne dépasse pas un mètre aujourd'hui. Des inondations un peu abondantes comme celles de 1908, rétablissent, avec une hauteur d'eau d'un mètre à peine, la lagune narbonnaise, le *mare rubrum* des géographes latins, depuis la Nouvelle jusqu'à Capestang. A l'embouchure actuelle de l'Aude, près de l'étang de Vendres, les atterrissements paraissent avoir été plus importants. Ils se sont combinés avec ceux de l'Orb pour combler un golfe presque aussi grand que celui de Capestang.

Le rivage du Languedoc méditerranéen a donc subi des altérations, parfois profondes, depuis le début de l'époque historique, et la route d'eau établie d'Arles à Narbonne, par les lagunes et les bras des fleuves, en a reçu le contre-coup. Les villes nées sur le bord de cette route, Arles, Saint-Gilles, Aigues-Mortes, Maguelone, Montpellier, Agde, Narbonne, ont grandi et ont péri avec elles. Ce sont les reliques d'un passé définitivement aboli. Les chalands, chargés de barriques, que l'on voit de temps à autre cheminer lentement sur le canal des étangs, sont les derniers survivants de la navigation d'autrefois, et servent, comme les fossiles, à reconstituer l'aspect des âges disparus.

Rôle historique du Languedoc méditerranéen.

Région méditerranéenne, pays de passages, voilà, en définitive, le double caractère qui domine et explique tout le rôle historique du Languedoc méditerranéen. Par sa façade maritime, il a participé toujours à la vie de la Méditerranée, et il a, bien longtemps avant l'histoire, reçu l'empreinte des civilisations de l'Orient. Les métaux ont été apportés ici par les navigateurs orientaux, Egéens et Phéniciens. Les Grecs leur ont succédé et ont semé sur nos plages des tessons de céramique qui permettent, tels les cailloux blancs du petit Poucet, d'en retrouver les traces. Tour à tour égéen, phénicien ou Grec, le Languedoc est devenu romain — *Italia verius quam Provincia.* — Les graus de nos lagunes sont les portes par où pénétrèrent en Gaule toutes les influences de la Méditerranée orientale, jusques et y compris le christianisme. Inversement, au temps de saint Louis, c'est d'un de nos graus que débouchait, en route vers l'Orient, la première flotte française, symbole de notre essor dans la Méditerranée. Ainsi, pendant des siècles, nos plages ont servi de contact entre l'Orient et l'Occident. Depuis lors, le Languedoc est devenu français et ses destinées se confondent avec celles de la France. Mais ne peut-on pas dire aussi que c'est lui qui a orienté celles de la France vers la Méditerranée? Il reste ainsi fidèle au rôle auquel il était prédestiné par la nature.

Sur terre, les passages du Languedoc sont une des plus vieilles routes du monde et aussi une des plus immuables. Le chemin de fer suit le tracé de la voie Domitienne qui se superposait elle-même à une voie préhistorique. Elle a été foulée par tous les envahisseurs du Sud vers le Nord, ou du Nord vers le Sud, Ibères, Carthaginois, Gaulois, Romains, Wisigoths, Francs ou Sarrasins, par tous les voyageurs d'Orient ou d'Occident, marchands phéniciens et grecs, pèlerins de Saint-Jacques de Compostelle. Voie Héracléenne, voie Domitienne, voie toulousaine, voie ægidienne, Cami Roumiou, c'est toujours, sous des noms différents, la route du grand passage de Languedoc.

Monuments archéologiques

Dans un pays aussi chargé d'histoire, il faut s'attendre à retrouver des témoins de toutes les civilisations qui s'y sont succédé. Quant on parcourt cette admirable contrée, on rencontre presque à chaque pas des vestiges qui permettent d'évoquer quelques-uns des grands problèmes de l'archéologie moderne; peu de pays ont eu autant de contacts aussi variés, et présentent une pareille richesse de points de vue. Souhaitons qu'un jour l'idée de réunir en un Recueil tous les monuments du Languedoc méditerranéen séduise un groupe de travailleurs. En attendant, nous avons des visées plus modestes. Nous avons eu la joie de visiter à loisir les sites et les monuments les plus significatifs de ce pays. Nous voulons simplement les rattacher aux grands courants de la civilisation qui les a utilisés ou produits, et sans nous écarter jamais de la vision directe des choses, étudier quelques-uns des aspects archéologiques du Languedoc méditerranéen.

Les grottes du Canon inférieur du Gardon.

Bibliographie. Cazalis de Fondouce, *L'homme dans la vallée inférieure du Gardon*, 1872. — F. Mazauric, *Le Gardon et son cañon inférieur*, in *Mémoires de la Société de Spéléologie*, t. II, 198. — *Congrès préhistorique de France*, Nîmes, 1911, p. 707. — *Nîmes et le Gard*, t. I, *Hydrologie souterraine* (Mazauric); *Histoire géologique* (Roman); *Les temps préhistoriques* (Carrière), 1912.

Les garrigues nîmoises forment un plateau peu élevé d'une altitude moyenne de 180 mètres environ, avec quelques sommets atteignant 220 mètres près de Nîmes et de Calvisson. Ce plateau, comme le montre la carte dressée par M. Roman (*Nîmes et le Gard*, t. I, p. 12), « est limité, au Nord et à l'Ouest, par le synclinal tertiaire de Sommières et au Sud-Est par la dépression du Vistre; il se relie au-delà de la Vallée du Gardon avec l'Uzégeois qui a la même structure et la même composition géologique » (Roman, p. 22). C'est une région inculte et à peu près déserte : de maigres bouquets de chênes verts, de chênes kermès et de cistes y végètent avec peine. De loin en loin une bergerie ou un pauvre mas mettent un peu de vie dans cette solitude.

Quand on traverse ce désert en venant de Nîmes et qu'on se dirige au Nord vers la Baume, on se trouve soudain en présence d'une brusque cassure du plateau : à vos pieds s'ouvre une gorge profonde et tortueuse, au fond de laquelle, sur des sables étincelants, coule le Gardon, à près de 150 mètres au-dessous de la surface du plateau. Entre les falaises à pic qui flamboient sous le soleil, se déroule pendant une vingtaine de kilomètres le ruban capricieux de la rivière transparente. Spectacle admirable, que n'affaiblit pas le souvenir des grands cañons du Tarn, de la Junte et de la Dourbie [1].

Au sortir de la petite plaine de Saint-Chaptes, le Gardon, descendu des Cévennes, vient se heurter, entre les villages de Dions et de Russan, à la barrière du plateau qu'il a percé et fini par traverser. Là commencent ces sinuosités fertiles en points de vue magnifiques, le Castélas et Castelviel, le château de Sainte-Anastasie, le Pont Saint-Nicolas, La Baume Saint-Vérédème, et, pour finir, le Pont du Gard, arc de triomphe

1. Saint Gilles quitte Arles pour se retirer au désert.

1229 Entre le Rodne e Munpellers
Est le pais large e pleners
De grans desers e de boscages....
1251 Il est entré en la foreste :
Haute est la reime e la geneste;
N'i trove borde ne meisun
Ne hume kil mette a reisun...
1279 Gires veit entur la falaise :
N'i trovet veie, ço lui paise.
A uns degrez s'est ahurtez
Ki el rocher sunt entailles;
Par les degres est munté sur
E trove Vérédemius :
Issi aveit l'ermite a nun.

Vie de saint Gilles, écrite par Guillaume de Berneville, moine anglo-normand du XIIe siècle (vers 1170), d'après la *Vita S. Egidii* composée au Xe siècle.

gigantesque sous lequel passe le Gardon avant de quitter définitivement les gorges.

La grandeur de tous ces sites ne doit pas faire oublier l'intérêt du spectacle que l'on a sous les yeux. Pourquoi et comment le Gardon, au lieu de contourner le plateau de la garrigue nîmoise, l'a-t-il percé et traversé entre Dions et Remoulins? C'est à quoi Félix Mazauric a répondu dans un mémoire remarquable sur « le Cañon inférieur du Gardon ». En voici, résumées, les conclusions. La vallée actuelle est formée d'anciens lits souterrains successivement mis à jour. Le travail auquel est dû ce creusement continue aujourd'hui sans interruption dans le sous-sol au moyen de dérivations qui provoqueront à leur tour des effondrements, creusant ainsi davantage le cañon. C'est à ce cours souterrain que, pendant l'été, le lit du Gardon, entre Dions et le Pont Saint-Nicolas, doit d'être tout à fait à sec. L'eau disparaît au sortir de Dions et coule souterrainement jusqu'au pont Saint-Nicolas où elle réapparaît sous forme de sources abondantes. Tout le long de son cours dans le cañon, le Gardon coule ainsi sur un sol fissuré qui avale les eaux et les rend tour à tour.

De ce creusement progressif du cañon on conserve d'authentiques témoins : ce sont les grottes qui, d'un bout à l'autre des gorges, s'étagent au flanc des falaises entre lesquelles coule la rivière. On en compte des centaines et on en découvrira encore de nouvelles. Elles sont disposées à trois niveaux différents — que Mazaurie appelle plateau, terrasses hautes et terrasses basses — et ces trois niveaux correspondent à trois états successifs de la vallée. Ces grottes ont été creusées par les dérivations souterraines des Gardons antérieurs. Elles se composent généralement d'un couloir plus ou moins long, plus ou moins large, avec une entrée et une sortie.

Jusqu'ici, nous sommes en présence d'un phénomène géologique, parfaitement expliqué aujourd'hui. Mais là n'est pas le seul intérêt de ces grottes. Elles contiennent aussi des restes de l'industrie humaine à l'époque préhistorique ; par là, elles offrent une particulière importance pour l'étude des origines de la civilisation dans le Languedoc méditerranéen. Depuis cinquante ans elles ont attiré les préhistoriens de notre région. Les premières recherches scientifiques qu'elles aient provoquées sont celles de M. Cazalis de Fondouce. Dans un mémoire notable, paru en 1872, intitulé « L'homme dans la vallée inférieure du Gardon », il exposait le résultat de ses fouilles dans les grottes de la Sartanette et de la Salpêtrière, près du Pont du Gard, et sur le plateau du Mardieuil. Après lui, le frère Sallustien, d'Uzès, M. Nicolas d'Avignon, Gabriel Carrière de Nîmes, le groupe spéléo-archéologique d'Uzès, enfin, plus récemment encore, Mazauric et M. Bourrilly ont continué l'exploration archéologique du Gardon.

Les fouilles ont porté sur un nombre considérable de grottes, cent, deux cents, peut-être davantage, car tous ces travaux n'ont pas toujours été suivis de publications ni peut-être dirigés par des spécialistes. L'étude de toutes les grottes explorées jusqu'ici serait donc aujourd'hui impossible. Elle paraîtrait du reste ici déplacée et singulièrement monotone. La disposition des grottes est presque partout pareille; les objets qui y ont été découverts se rapportent à des séries analogues. Mieux vaut se borner à une seule de ces grottes et en montrer les caractères essentiels. Parmi les plus intéressantes qui aient été explorées, — celles de la Baume Longue, près de Dion, d'En Quissé, près de Russan, de la Sartanette et de la Salpêtrière, près du Pont du Gard, — la Baume Saint-Vérédème paraît de beaucoup la plus importante et compte même comme une des plus remarquables stations préhistoriques de l'Europe. Elle a été fouillée à plusieurs reprises par M. Nicolas d'Avignon, le frère Sallustien d'Uzès, Gabriel Carrière, et, en dernier lieu, par Mazauric et M. Bourrilly de Nîmes.

La Baume est située sur la rive gauche du Gardon, dans la partie centrale du cañon. Le site est vraiment grandiose. « En amont, la gorge s'élargit en un vaste cirque aux pentes escarpées ; en aval, elle s'enfuit tout droit en pleine lumière jusqu'aux abords de Collias. » Dans le fond, au pied de la falaise, le Gardon coule et franchit avec fracas le barrage du moulin de la Baume. Au flanc de la muraille à pic, s'ouvre, comme un portail gigantesque régulièrement cintré, la grotte Saint-Vérédème. On y accède par un sentier qui s'élève rapidement ; un escalier conduit à une terrasse, primitif abri sous roche, sur la voûte duquel on voit encore des fresques du moyen âge. Là se dresse une petite chapelle romane avec des fresques gothiques : c'est l'ermitage de Saint-Vérédème. Enfin, un sentier en corniche, surplombant la galerie, conduit de la terrasse à l'entrée de la grotte. L'ouverture, haute de 7 à 8 mètres, large de 5 à 6, donne accès à une longue galerie, creusée jadis par les eaux du Gardon. Le sol s'élève rapidement ; au bout de 50 mètres la galerie s'élargit et forme une vaste salle, « la chapelle », large de plus de 20 mètres ; puis elle s'élève toujours, se prolonge 50 mètres encore jusqu'à la sortie, fermée par une grille en fer, d'où la vue embrasse la vallée du côté de l'aval.

Cette longue galerie, si spacieuse, si bien close et en même temps si facile à défendre, offrait un abri merveilleux, et de tout temps l'homme l'a habité. Le sol était jonché de débris de toute espèce et des recherches conduites avec méthode devaient livrer les restes de toutes les populations qui s'y sont succédé. Mazauric et M. Bourrilly ont exploré minutieusement le sol de la grotte et déterminé les différents niveaux qui le constituaient. Le sol est formé en grande partie par des amas considérables de cendres, restes des foyers primitifs ; dans le fond de la grotte ils atteignent plusieurs mètres de hauteur. Dans les couches supérieures les ossements d'animaux qui servaient à la nourriture se rencontrent avec les céramiques et l'outillage néolithiques. Les couches inférieures renferment des objets de l'industrie paléolithique, — moustérienne et magdalénienne, — racloirs, pointes en silex, os travaillés. En attendant la publication de ces trouvailles, on peut s'en faire une idée en se reportant aux objets découverts dans les autres grottes et reproduits par M. Cazalis de Fondouce dans les planches de ses mémoires, ou par Gabriel Carrière dans *Nîmes et le Gard*, t. I, p. 215. La grotte de Saint-Vérédème a fourni des représentants de toutes les séries. Elle résume ainsi les différentes stations de la vallée du Gardon et présente comme en raccourci un tableau des civilisations primitives du Languedoc méditerranéen.

La préhistoire paraît encore une science d'un caractère si conjectural qu'on ne l'aborde qu'en tremblant, surtout quand on n'y est point préparé par des études antérieures. Pourtant, les découvertes dues aux préhistoriens depuis cinquante ans s'imposent à tous ceux qui s'occupent d'archéologie méditerranéenne, et il n'est plus possible de se désintéresser des problèmes qu'ils ont eu le mérite de poser les premiers. Sans vouloir le moins du monde intervenir personnellement dans les discussions que soulèvent ces questions, on peut du moins montrer comment elles se posent et quelle en est la portée.

Un fait capital, mis en lumière par les découvertes récentes, c'est la présence dans notre région d'objets paléolithiques. On y voit la preuve que le Languedoc méditerranéen a été occupé par l'homme dès l'époque quaternaire. Ces témoins paléolithiques ne se rencontrent ni dans les alluvions des fleuves, ni dans la plaine profondément remaniée par les atterrissements, mais exclusivement dans la région montagneuse. Les grottes innombrables percées, comme celles du Gardon, dans les parois calcaires des vallées cévenoles offraient à l'homme des abris naturels, sûrs et confortables.

Les plus anciennes formes de l'industrie humaine, les silex du type de Chelles ou de Saint-Acheul, n'y ont point encore été rencontrées. Mais on peut les y trouver un jour, d'autant qu'on en a découvert dans la région voisine du Vivarais. Les époques suivantes, caractérisées par la présence du grand ours (époque moustérienne), du mammouth (époque solutréenne), du renne (époque magdalénienne), sont au contraire abondamment représentées dans les grottes du Gardon comme dans celles de l'Ardèche, de l'Hérault, de la Cesse, etc., par des séries complètes de monuments : silex taillés, pointes et racloirs moustériens, lames solutréennes en feuilles de saule, pointes de flèches et de javelots, harpons barbelés, poinçons en os magdaléniens, dessins gravés sur les parois de grottes, (grotte Chabot, à Aiguèze).

Ainsi, la partie haute du Languedoc méditerranéen a été occupée, à l'époque paléolithique, par une population apparentée à celles du Périgord et des Pyrénées, vivant, comme elles, de chasse et pourvue d'un outillage identique. A quelle race appartenait cette population, — d'où venait-elle, — quels liens la rattachaient à celles du Périgord ou des Pyrénées ou à celles des autres rivages méditerranéens? Ce sont là des questions auxquelles, en l'état actuel de la science, il paraît difficile de répondre.

L'abondance des vestiges néolithiques dans notre région prouve qu'elle a été, pendant cette période, extrêmement peuplée. Le renne a disparu. La faune des temps actuels l'a remplacé. Cette modification correspond à l'établissement du climat d'aujourd'hui, le climat confortable de la Méditerranée, qui n'a cessé, depuis lors, d'attirer tous les habitants de l'ancien continent. Aussi, les hommes commencent à se fixer ici à demeure. A la race nomade de chasseurs de l'époque paléolithique succède une race pastorale et agricole, dont la vie, les mœurs, l'outillage, la nourriture même nous sont aujourd'hui bien connus. La civilisation nouvelle conserve naturellement des survivances de l'âge précédent, mais elle est caractérisée par un développement remarquable de l'industrie, le perfectionnement des formes paléolithiques, surtout l'invention et le rapide progrès de la céramique. D'abord très grossières, noires, à grains quartzeux, modelées à la main et mal cuites, les poteries se transforment bientôt. L'argile mieux épurée sert à établir des vases aux parois plus minces, durcies par la cuisson; des formes plus élégantes, un décor géométrique tracé à la pointe, marquent l'apparition de l'art. Les grottes du Gardon ont conservé de très beaux spécimens de ces céramiques.

A quelle race appartiennent les populations qui ont créé cet outillage ? Quels liens les rattachent aux populations de l'époque précédente et à celles qui vivaient le long des rivages de la Méditerranée ? D'où viennent-elles ? Quand sont-elles venues occuper nos montagnes ? Ce sont là des questions auxquelles on voudrait pouvoir répondre. Les anthropologistes tirent des conclusions de l'examen des crânes. Mais sans être qualifié pour en apprécier la valeur, on peut du moins ne les considérer que comme des hypothèses.

Pourtant, dans cette profonde obscurité, voici comme une lueur. Parmi les objets découverts dans les grottes néolithiques se trouvent les pierres étrangères à notre pays, diorite, jadéite, amphibolite. Elles y ont été importées, vraisemblablement d'Orient. Voilà les premières traces d'activité commerciale et de rapports avec d'autres peuples méditerranéens. A quelle époque s'est produit ce contact ? C'est ce qu'il est difficile de préciser. Si l'on observe que les objets d'importation se rapportent surtout à la fin de la période néolithique, et si l'on place vers la fin du quatrième millénaire l'apparition des métaux, on pourra trouver dans ces rapprochements quelques éléments pour situer dans le temps les premières relations des habitants de notre région avec les autres peuples de la Méditerranée.

Les hypogées de la montagne de Cordes et du Castellet.

Bibliographie. Anibert, *Dissertation topographique et historique sur la montagne de Cordes et ses monuments*, Arles, 1779 ; *Statistique des Bouches-du-Rhône*, 1821-1829, t. II ; P. Mérimée, *Notes d'un voyage dans le Midi de la France*, Paris, 1835, p. 299 ; Estrangin, *Études archéologiques, historiques et statistiques sur Arles*, 1838, Aix, 1838 ; Cazalis de Fondouce, *Allées couvertes de la Provence*, 1er *Mémoire*, 1873, 2e *Mémoire*, Montpellier-Paris, 1878 ; Bouchinet, *L'actualité archéologique au pays d'Arles*, Arles, 1904 ; Congrès préhistorique de France, Nîmes, 1911, p. 736.

A cinq kilomètres au nord-est d'Arles, au milieu de la plaine, se dressent quelques collines de molasse miocène, Montmajour avec son abbaye, la montagne de Cordes et la montagne du Castellet. Elles ne méritent le nom de montagnes que pour les habitants de la Crau. Entre ces taupinières fameuses s'étendent aujourd'hui des champs cultivés. Mais, au siècle dernier, Mérimée vit cet espace couvert de marais, et les vieilles gens du pays se rappellent encore le temps où l'on traversait en bateau de Montmajour à la montagne de Cordes. Il ne faut pas remonter bien loin en arrière pour reconstituer le paysage préhistorique et imaginer entre Arles et les Alpines une immense lagune où émergeaient ces îlots. De tout temps, en raison de leur situation exceptionnelle, ils servirent de refuge et l'on y trouve des restes d'habitations datant du moyen âge, comme de l'antiquité ou de l'époque préhistorique. Les montagnes de Cordes et du Castellet renferment surtout des stations préhistoriques d'une importance exceptionnelle. Aussi, ont-elles attiré depuis plus de cent ans l'attention des historiens. Les progrès récents de l'archéologie méditerranéenne leur donnent une importance et une signification singulières.

La montagne de Cordes, haute de 63 mètres, longue de 800, large de 500, présente la forme d'un fer à cheval dont la convexité est tournée vers le Nord. De ce côté elle est taillée à pic et difficile d'accès. Au contraire, elle s'abaisse du côté du Midi vers un petit vallon qui pénètre entre les branches du fer à cheval. Un plateau pierreux avec de maigres broussailles occupe la partie supérieure. De là, le regard embrasse un admirable panorama, toute la plaine du Rhône, entre les Alpes et les Cévennes, l'immense ouverture sur la Méditerranée qui luit à l'horizon.

Le plateau est aujourd'hui complètement désert. Mais on y voit encore les restes d'un ancien mur d'enceinte restauré au moyen-âge et une grande quantité de débris de céramique et de balles de fronde. Ce n'est pas tout. Vers le centre du plateau, non loin de la paroi nord de la montagne, au milieu des pierres et des broussailles, s'ouvre tout d'un coup à vos pieds un trou béant, un large escalier taillé dans la roche et conduisant à un souterrain. Les bergers l'appellent la Grotte des Fées.

C'est un hypogée funéraire de l'époque préhistorique, le plus beau des monuments de ce genre conservés dans notre pays.

Découvert ou du moins signalé par un savant arlésien, Anibert, dans la deuxième moitié du XVIIIe siècle, il n'eut pas trop à souffrir de l'indiscrétion des chercheurs de trésors, avant d'être méthodiquement exploré par MM. Cazalis de Fondouce et Cartailhac, en 1876. Il se compose d'une longue galerie creusée en tranchée dans le calcaire et recouverte d'immenses dalles taillées, empruntées à la roche voisine. Les parois, soigneusement polies, se dirigent obliquement vers le sol, la partie supérieure formant surplomb. Cette galerie, longue de 25 mètres, haute de $3^{m},25$, large à l'entrée de $3^{m},90$ et au fond de $2^{m},50$, était précédée d'un couloir plus étroit et moins haut, long de $5^{m},40$, fermé primitivement à l'entrée par une dalle rectangulaire. En avant, deux chambres aux extrémités arrondies, situées à droite et à gauche de l'entrée, constituent une sorte de transept à ciel ouvert. Enfin, un escalier taillé dans le roc, suivant l'axe du souterrain, donnait accès à ce vestibule. En plan, l'hypogée rappelle la forme d'un poignard ou d'une épée, d'où le nom d'Epée de Roland, Espaso de Rouland, qui lui est donné quelquefois dans le pays. Le monument, dans son ensemble, a une longueur de 42 mètres. Il est orienté Ouest-Est, avec l'entrée à l'Ouest.

La montagne voisine du Castellet contient plusieurs hypogées de même type, mais de proportions moins grandes. La grotte Bounias, longue de 19 mètres, est creusée en tranchée et recouverte de dalles taillées comme la Grotte des Fées, mais elle est dépourvue de transept. De plus, elle est entourée d'une enceinte circulaire de 41 mètres de diamètre, qui rappelle l'esplanade ménagée au-dessus des tombes de Mycènes. La Grotte de la Source, longue de $16^{m},60$, et la Grotte de Castellet, longue de $18^{m},10$, présentent une disposition analogue. Seul, le petit mégalithe de Coutignargues, formé de murettes en pierre sèche sur les côtés et d'une large dalle non taillée au fond, se rattache à un type différent, celui des hypogées sous tumulus.

Cet ensemble de monuments, unique dans notre pays, est complété par les objets qui y ont été découverts au cours des fouilles. La plus grande partie en est conservée au Musée lapidaire d'Arles. Ce mobilier comprend d'abord une abondante série d'objets en silex taillés : pointes de javelots et flèches, — notamment une flèche encore engagée dans une vertèbre humaine provenant de la grotte du Castellet, — grattoirs, couteaux, haches polies; des aiguilles et flèches barbelées en os et en ivoire; des céramiques à décor géométrique incisé. A côté de ces objets de fabrication locale, signalons aussi les objets en pierres étrangères au pays et par conséquent importés par le commerce, serpentine, porphyre vert, jade, jadéite, chloromélanite, perles en callaïs. Au milieu de cet outillage nettement néolithique on trouve aussi quelques objets en métal : une lame de poignard en bronze dans la grotte Bounias; puis, provenant de la grotte du Castellet, une magnifique perle en or, en forme d'olive allongée et percée, longue de 45 millimètres et pesant 37^{gr},10; enfin, une plaquette en or, longue de 42 millimètres, et percée d'un trou à chaque extrémité.

Tel est, sommairement décrit, l'ensemble des hypogées de Cordes et du Castellet, avec le mobilier qu'ils contenaient. Il s'agit maintenant de les interpréter et de poser, sinon de résoudre, quelques-uns des problèmes qui se présentent touchant la destination, la date et l'origine de ces monuments.

La destination en paraît aujourd'hui fort claire après les divagations ou les hésitations du début. Le caractère funéraire en est établi par la découverte d'ossements humains dans toutes ces grottes : on a recueilli dans la grotte du Castellet les restes de plus de cents individus. Ces hypogées étaient des tombes destinées non pas à un personnage unique, mais à des familles entières ou à des clans, et il paraît probable qu'ils ont

été utilisés pendant de longues périodes de temps. Le vestibule qui précède la Grotte des Fées, ou l'esplanade circulaire qui surmonte la grotte Bounias, devaient, comme le dromos des tombeaux mycéniens ou l'esplanade de Mycènes, servir au culte des morts. Sur le caractère funéraire de ces hypogées l'accord paraît fait aujourd'hui. Mais voici d'autres difficultés.

Entre ces monuments et les dolmens du Midi de la France, — de l'Ardèche à l'Aveyron, on en compte dans les Cévennes près de 2.000 — on ne peut méconnaître de singulières analogies. Les dolmens sont des constructions architecturales, comprenant généralement une chambre rectangulaire formée de quatre pierres dressées et recouverte d'une dalle volumineuse. Eux aussi servaîent de duemeres pour les morts. On les trouve d'ordinaire dans les terrains incultes ou dans les forêts. Enfin, le mobilier qu'ils contiennent se compose principalement d'objets de pierre et de quelques objets en métal servant surtout de parure, anneaux, perles, etc. Voilà des ressemblances avec les hypogées de Cordes et du Castellet. Mais il y a des différences : d'abord dans les dimensions, — aucun dolmen n'atteint la longueur du plus petit des hypogées du Castellet, — mais surtout dans le style de la construction. Les hypogées sont de véritables monuments d'architecture, avec leurs parois bien dressées, leur couverture de dalles appareillées, leur plan compliqué comme celui de Cordes, avec galerie, vestibule, escalier. Les dolmens cévenols, avec leurs quatre pierres levées, n'en paraissent qu'une grossière contrefaçon : on dirait une copie barbare de modèles étrangers.

Les hypogées se distinguent ainsi nettement des dolmens cévenols. Mais s'ils restent isolés jusqu'ici dans notre région, ils se rattachent étroitement à un groupe de monuments analogues épars sur d'autres rivages méditerranéens. Dans l'île de Majorque, la grotte Saint-Vincent est d'un type identique à celui de la Grotte des Fées; elle est construite sur plan cruciforme avec un vestibule flanqué de deux chambres arrondies.

La grotte d'Antequera, au nord de Malaga, longue de 24 m., est formée de grandes dalles taillées et appareillées. De si singulières reesemblances ne sauraient être attribuées au hasard, et l'on se trouve ainsi conduit à imaginer une civilisation maritime commune à certains peuples riverains de la Méditerranée occidentale. Mais si l'on admet cette conception, comment de notre mer d'Occident ne point passer à la Méditerranée orientale? Comment, après Montelius, Déchelette et d'autres préhistoriens, ne point évoquer la Crète et Mycènes, les tombes à coupoles et à dromos de la mer Égée, en présence des hypogées de Cordes ou des Baléares?

Ainsi se trouve posée une fois de plus la question essentielle des rapports de l'Orient et de l'Occident à l'époque préhistorique, un des plus grands problèmes que l'archéologie ait soulevés depuis cinquante ans. Sans vouloir reprendre ici les arguments pour et contre la fameuse théorie de ce qu'on a appelé « le mirage oriental », on est bien forcé de reconnaître que les récentes découvertes, faites en Crète et dans tout le monde égéen, ont singulièrement fortifié les positions des Orientalistes. Les points de contact se multiplient entre l'Orient et l'Occident, et le rayonnement de la civilisation égéenne dans la Méditerranée tout entière paraît un fait acquis. L'étude du rivage méditerranéen de l'Espagne nous apportera sans doute bientôt des solutions définitives.

En attendant, nous voudrions simplement proposer une explication concernant l'origine de nos hypogées du pays arlésien. Avant tout, la parenté de ces constructions avec celles des Baléares nous ramène invinciblement vers la Méditerranée; c'est de ce côté là qu'il faut chercher la solution. Déjà, avec une divination remarquable pour l'époque où il écrivait, M. Cazalis de Fondouce évoquait les vieilles thalassocraties méditerranéennes (2e mémoire, p. 37) et pressentait le monde égéen que l'on ne connaissait pas encore. Ce n'est donc pas une nouveauté que d'attribuer les hypogées arlésiens à un peuple de navigateurs, ni d'observer que les montagnes de Cordes, de Montmajour et du Castellet étaient alors des îles, les premières qu'on rencontrait en venant de la mer. Nous connaissons aujourd'hui les habitudes des marines primitives, et nous savons que les îlots de ce genre, situés à proximité du continent, constituaient les mouillages les plus recherchés des navigateurs. Qu'on se rappelle, dans l'Odyssée, l'épisode de la nourrice d'Eumée et des pirates phéniciens : ils avaient mouillé leurs barques en avant de Syra, dans un îlot, où leur cargaison se trouvait en sûreté. Les îles du Rhône ont dû servir aux mêmes opérations.

Nos hypogées ont été construits par ces navigateurs étrangers, et non par des indigènes. Pour s'en convaincre, il suffit de comparer ces tombes à celles de la région voisine, sur le continent. On peut même se demander si celles-ci ne précèdent pas les premières; ainsi les sépultures de la nécropole de Canteperdrix, près de Calvisson, paraissent de grossières imitations d'hypogées du type de ceux que nous étudions. Nous aurions ainsi un exemple de la manière dont les influences étrangères s'exerçaient dans notre pays.

Que faut-il entendre par ce mot d'étrangères? Quel était ce peuple étranger auquel nous proposons d'attribuer les hypogées arlésiens? Il paraît bien difficile de le dire avec précision, car nous ne savons quasi rien sur les races primitives de la Méditerranée et sur les mouvements de peuples qui ont pu se produire à l'époque préhistorique. Tout au plus peut-on dire, au sujet de notre région, qu'à un moment donné les populations indigènes de nos montagnes, peut-être les survivantes des hommes néolithiques, sont entrées en relations avec les peuples de la mer. Ces relations paraissent coïncider avec l'apparition du métal. Les hypogées de Cordes et du Castellet contenaient, on l'a vu, des objets de bronze et d'or. Ainsi les hommes qui apportaient ces métaux ont aussi construit ces monuments. Puisque les métaux viennent d'Orient, les navigateurs qui les importaient étaient eux-mêmes des Orientaux ou en rapport avec les Orientaux. De toutes façons, ils ont été des agents de l'influence orientale.

Une dernière question se pose, celle de la date des hypogées que nous venons d'étudier. La coexistence de la pierre et du métal dans le mobilier funéraire fournit un élément de chronologie très précis, et permet d'attribuer ces monuments à l'époque énéolithique. En se fondant sur les synchronismes de l'histoire égyptienne, on rapporte aujourd'hui à la fin du IVe millénaire l'apparition des métaux en Orient. Le IIIe millénaire en aurait vu la diffusion dans la Méditerrannée. On peut juger par là des limites de temps entre lesquelles il conviendrait de fixer à peu près la construction des hypogées arlésiens et en même temps les premières relations des hommes de notre pays avec les peuples de la mer et par eux avec l'Orient.

Les hypogées de Cordes et du Castellet prennent ainsi la valeur d'un symbole, celui de la rencontre de l'Orient et de l'Occident dans notre pays. Le site paraissait prédestiné. Les îlots où vinrent aborder les premiers navigateurs de l'Orient se dressaient à l'embouchure du Rhône, non loin du point où la tradition place l'arrivée des barques qui, bien des siècles plus tard, apportaient de Judée le christianisme en Gaule.

MONTLAURÈS.

LA COLONISATION HELLÉNIQUE DANS LE GOLFE DU LION.

BIBLIOGRAPHIE :

1° Sur Montlaurès :

Rouzaud, *Bulletin de la commission archéologique de Narbonne*, 1904-1905, p. 489; 1906-1907, p. 471. — Ed. Pottier, *Comptes-rendus de l'Académie des Inscriptions* 1909, p. 981. — C. Jullian, *Revue des Études anciennes*, 1910, p. 195.

2° Sur Marseille :

Clerc et Arnaud d'Agnel, *Découvertes archéologiques à Marseille*, 1904. — Vasseur, *Comptes-rendus de l'Académie des Inscr.*, 1910, p. 422, et *Annales du Muséum de Marseille*.

3° Sur Empuries (la bibliographie récente seulement) :

Schulten, *Ampurias*, *Neue Jahrbücher*, Leipzig, 1907. — Frickenhaus, *Zwe topogr. probleme*, *Bonner Jahrbücher*, 1909. — Les résultats des fouilles d'Empurias ont été publiés dans *l'Anuari d'estudis catalans* de 1908, 1909, 1910, par Puig y Cadafalch, Cazurro, Frickenhaus et autres. Des comptes-rendus en ont été donnés dans la *Revue des études anciennes*, 1910, p. 304, le *Bulletin des antiquaires de France*, 1910, p. 280, la *Revue archéologique*, 1910, II, p. 142.

4° Sur la colonisation grecque en général et l'empire de Marseille, C. Jullian, *Histoire de la Gaule*, t. I, II, et III.

L'Aude formait jadis, comme les autres fleuves méditerranéens, un delta dont les deux branches se séparaient en un point nommé Moussoulens, non loin du village de Sallèles. L'une de ces branches se dirigeait vers l'Est : c'est le lit actuel qui débouche dans la mer par le grau de Vendres. L'autre se dirigeait vers le Sud, passait à Narbonne et se jetait dans une lagune intérieure appelée par les géographes latins *Mare Rubresum*, et dont l'actuel étang de Bages et de Sigean n'est qu'un reliquat. Ce bras a été remplacé aujourd'hui par un canal, ou roubine, qui part de Moussoulens et traverse la plaine puis la lagune jusqu'au port de La Nouvelle. Entre le grau de Vendres et le grau de La Nouvelle, distants l'un de l'autre de trente kilomètres environ, trois îles, une grande, l'île de la Clape, haute de plus de 200 mètres, et deux petites, l'île Saint-Martin et l'île Sainte-Lucie, formaient le front de mer. Entre ces îles, aujourd'hui atterries, se trouvaient les passes par où l'on pénétrait dans le *Mare Rubresum*. Cette mer intérieure était beaucoup plus étendue qu'aujourd'hui. Le village actuel de Capestang en marquait à peu près la limite septentrionale. Parfois, des pluies abondantes, en provoquant le débordement de l'Aude, reconstituent temporairement l'ancien *Mare Rubresum*.

Dans cette mer intérieure, ce Morbihan méditerranéen, actuellement plus qu'à demi-comblé, étaient dispersées les îles d'un petit archipel. Au Sud, l'île de Planasse, l'île des Oulous, l'île de l'Aute, émergent encore au-dessus des eaux de l'étang de Bages. Dans la partie atterrie de la lagune, à 5 kilomètres au nord de Narbonne et à 4 kilomètres au sud du point de diramation de l'Aude à Moussoulens, le rocher de Montlaurès domine de 56 mètres la plaine environnante, jadis étang ou marécage. A une époque qui n'est peut-être pas très éloignée de nous, et certainement au temps des Romains, il n'était, comme la montagne de Cordes près d'Arles, accessible qu'en bateau.

C'est là qu'il y a une quinzaine d'années M. H. Rouzaud, un ancien maître de l'Université de Montpellier, découvrit, en se promenant, à la base du rocher de Montlaurès, des tessons de céramique antique. L'abondance et la variété des fragments, le récit de trouvailles antérieures piquèrent sa curiosité. Des sondages pratiqués tout autour de la colline amenèrent la découverte d'une quantité considérable de nouveaux fragments de diverses époques et de provenances variées, en particulier de provenance grecque. C'était là un fait d'une importance exceptionnelle dont le retentissement dépassa les limites de notre région. M. Ed. Pottier, le savant céramographe, conservateur au Musée du Louvre, fut chargé en 1908 par l'Institut d'examiner sur place les découvertes de M. Rouzaud et de compléter des recherches si heureusement commencées. Une nouvelle exploration confirma les résultats acquis. En attendant une publication d'ensemble, que nous souhaitons prochaine, nous possédons pour nous guider à Montlaurès la précieuse communication faite par M. Pottier à l'Institut après les fouilles de 1908, sans compter l'inépuisable complaisance de M. Rouzaud qui nous a fait les honneurs de son chantier et ouvert libéralement ses collections. Sans rien ajouter de nouveau à ce qui a déjà été publié, nous pouvons pourtant marquer l'importance et l'intérêt de ces découvertes pour l'histoire de notre région.

Le rocher de Montlaurès est de forme elliptique; il a environ 1.500 mètres de tour à la base ; il est orienté, dans sa longueur, du Nord au Sud. Les flancs en sont escarpés, excepté vers le Sud, d'où l'on s'élève par une pente douce jusqu'au sommet occupé par un petit plateau.

Une maigre végétation pousse dans les fentes du rocher. Au niveau de la plaine, quelques pins sont venus dans les éboulis. Pour compléter le paysage, signalons enfin des sources abondantes, les « œillals » de Montlaurès, qui jaillissent au pied de la colline du côté du Sud et vont se perdre dans la roubine de Narbonne.

Quand on escalade le monticule, on trouve en grand nombre des encoches régulières, taillées dans le rocher, en forme de chambres rectangulaires. Les plus grandes mesurent 7 mètres de long sur 7 mètres de large avec des parois de 3 mètres de haut, les plus petites 6 mètres de long sur 4 mètres de large et 0m,50 à 1 mètre de haut. On distingue parfois le seuil d'une porte large de 0m,80. Quelquefois aussi, sur une des parois de ces chambres, est creusée une petite niche de 0m,45 de profondeur sur 0m,45 de hauteur. Enfin, des escaliers, des auges taillées dans la pierre se rencontrent en deux ou trois points. M. Rouzaud qui remarqua les premières encoches, dont toute la montagne était comme sculptée, les prit d'abord pour des tombes et considéra la colline de Montlaurès comme une vaste nécropole. Il renonça bientôt de lui-même à cette supposition et se rangea à l'opinion émise par Thiers, de Narbonne, acceptée depuis par tous, à savoir que les entailles dans le rocher sont des restes d'habitations, les fondations de maisons construites au-dessus de ces caves et leurs annexes. Toutes ces huttes se pressaient les unes contre les autres sur les flancs de la montagne. D'étroites ruelles, dont on reconnaît encore la place en certains endroits, séparaient des groupes de maisons. Une rue principale, large de 2 à 3 mètres sur 20 mètres de long, conduisait du sommet de la colline vers les sources situées au Sud. Les cabanes ont pu s'étendre aussi du côté de la plaine, sans qu'on puisse fixer avec précision la limite des habitations. Elles sont enfouies aujourd'hui sous une épaisse couche de terre et comme elles paraissent plus disséminées que sur le rocher, on ne saurait entreprendre de les dégager.

Quoi qu'il en soit, Montlaurès doit être considéré comme un habitat antique. M. C. Jullian[1], frappé de ne voir « nulle part traces de rempart ni même la possibilité d'en bâtir », y recon-

1. *Rev. ét. anc.*, 1910, p. 195.

naît un simple habitat rural, « moins une localité que les dépendances serviles, les demeures de la *familia* ou de la clientèle d'un grand ». C'est peut-être trop peu dire. Sur la colline pouvaient se grouper deux ou trois cents cabanes, sans compter celles de la plaine. C'était là une agglomération importante. N'oublions pas non plus que le rocher se dressait alors, comme une énorme palafitte naturelle, au milieu des eaux de la lagune qui la protégeaient et lui servaient de fossé sinon de rempart.

Tous les objets mobiliers que contenaient les fonds de cabanes de Montlaurès ont été entraînés par les pluies et les éboulements de la terre au pied du rocher où on les trouve aujourd'hui. Ils se répartissent en différents groupes d'inégale importance : d'abord, des objets de ménage et de cuisine, meules de types divers, outils en pierre, marteaux et haches, manches d'instruments en corne, aiguilles en os et en bronze, clous en fer et en bronze, lampes et fusaïoles en terre cuite; — quelques armes, lame de couteau? en fer, pointe de flèche en bronze, cailloux roulés servant de balles de fronde; — des objets de toilette peu nombreux, anneaux, disques (miroirs?), fragments de vases ou d'ustensiles en bronze; — enfin, deux groupes d'objets beaucoup plus importants, les monnaies et les céramiques.

Les monnaies de la région se rencontrent en abondance, celles des Nérènes, frappées à Narbonne, celles des Volques, des Longostalètes et de divers chefs indigènes avec légendes en caractères grecs et ibériques; parmi les monnaies étrangères, on trouve des monnaies de Marseille, d'Empurias et des Baléares. Les monnaies romaines sont rares. L'ensemble de la numismatique se rapporte surtout aux IVe IIIe et IIe siècles avant notre ère.

Les céramiques nous fournissent des indications d'une tout autre portée; ce sont des documents déterminés dans l'espace et le temps. On peut distinguer deux groupes : les poteries indigènes de fabrication locale ou régionale, et les poteries étrangères, importées.

Les poteries locales comprennent les vases grossiers ou communs qui servaient aux usages quotidiens et qu'on rencontre dans toutes nos stations méridionales, vastes doliums en terre rouge, façonnés à la main, aux parois épaisses, striées au peigne, — jarres, amphores, marmites, cruches ou œnochoés, en terre grise ou jaune, plus fine, mieux épurée et modelée au tour. A ce groupe il convient de rattacher une poterie très remarquable que l'on trouve en abondance à Montlaurès et en d'autres points de la région, à Ensérune, à Ruscino, à Empurias. La terre en est rose, fine; les parois minces, bien cuites et sonores, portent un décor géométrique curviligne — cercles ou courbes concentriques — peint en noir, quelquefois avec des rehauts rouges. On désigne provisoirement cette céramique sous le nom d'ibérique ou d'ibéro-grecque, sans qu'on en connaisse encore le centre de fabrication. L'aire géographique en paraît, pour le moment, restreinte au fond du golfe du Lion; mais elle pourra s'étendre à l'aide de découvertes ultérieures. Dans tous les cas, un fait semble acquis : c'est qu'à Montlaurès comme à Ensérune, à Ruscino, à Empurias, cette céramique se rencontre toujours avec d'autres vases du IVe et du IIIe siècles. On ne saurait donc y voir, comme on l'avait proposé d'abord, des céramiques mycéniennes. Il est curieux du moins de constater des survivances extrêmement curieuses du décor et de la technique mycéniens.

Les céramiques importées proviennent de la Grèce et de l'Italie méridionale. Les plus anciennes appartiennent à la série des vases attiques à figures noires, datant du VIe siècle. Elles sont peu abondantes, mais parmi elles se trouvent les fragments d'une magnifique amphore attico-corinthienne, découverts il y a vingt ans et conservés au Musée de Narbonne; on y voit représentés Apollon, Artémis et la biche, au-dessus d'une zone d'animaux passants. C'est le plus important vase grec qui ait encore été découvert sur notre territoire. Les fragments de céramique attique à figures rouges sont beaucoup plus nombreux. Mais les types les plus anciens, ceux de la fin du VIe et du commencement du ve siècle, manquent complétement. Cette lacune, qu'on observe aussi dans les séries trouvées à Marseille, peut s'expliquer, comme l'a supposé M. Pottier, par la ruine de l'empire marseillais et l'appauvrissement de la région à cette époque. Au contraire, les vases de la fin du ve et surtout du IVe siècle sont abondamment représentés. Ce sont, sauf exception, des débris de vases de fabrication courante destinés à l'exportation. Pourtant, on a plaisir à retrouver dans la campagne narbonnaise ces modestes tessons au vernis noir éclatant et dont le décor, souvent lâché, vous apporte encore un reflet de la beauté attique.

Aux céramiques grecques succèdent les produits de l'Italie méridionale, poteries campaniennes, poteries de Gnathia, qui appartiennent au IIIe et au IIe siècles. Ainsi, du milieu du VIe siècle au milieu du IIe, c'est-à-dire jusqu'à l'époque de l'occupation romaine, on suit à Montlaurès le développement ininterrompu de la céramique grecque et gréco-italique. On ne trouve point de poteries plus récentes, les poteries rouges d'Arezzo, qui datent du IIe et du Ier siècle, encore moins les poteries sigillées de la Graufesenque, qui datent du Ier siècle après J.-C. De ce fait, on pourrait conclure avec M. Rouzaud que le site de Montlaurès fut abandonné dans le courant du IIe siècle, et qu'au moment de la conquête les villes ou villages indigènes furent détruits et les habitants transportés en masse à Narbonne sous la surveillance des légions romaines. C'est du moins une hypothèse possible.

Les découvertes de Montlaurès, ce dépôt considérable de poteries grecques qui attestaient de si anciennes et de si longues relations avec le monde hellénique, surprirent d'abord par leur nouveauté. Non pas que le fait même de la présence des Grecs dans notre pays pût constituer une révélation. Les textes nous renseignent sur ce sujet et le récit de la fondation de Marseille par les Phocéens est un des épisodes les plus célèbres de notre histoire nationale. Mais jamais jusqu'ici le séjour prolongé des Grecs sur nos rivages n'avait été attesté par des preuves de ce genre. Depuis, elles ne sont pas restés isolées et les trouvailles de Montlaurès se rattachent à tout un ensemble de monuments récemment exhumés sur les côtes du golfe du Lion, en particulier à Marseille et à Empurias.

A Marseille, des travaux de voirie faits dans le sol de la ville antique amenèrent la découverte d'objets qui ont été publiés par MM. Clerc et Arnaud d'Agnel. Ce sont principalement des fragments de céramique. Mais, comme le terrain d'où ils proviennent a été sans cesse remanié au cours des siècles, on les trouve pêle-mêle, sans qu'on puisse établir dans le sol une stratification qui serve de base à une chronologie. Comme à Montlaurès, la céramique indigène, très grossière, est mélangée à la céramique grecque. A Marseille, les poteries grecques sont plus anciennes et plus variées qu'à Montlaurès : des fragments de vases ioniens, corinthiens et géométriques appartiennent au VIIe siècle. Mais, comme à Montlaurès encore, les vases attiques à figures noires sont peu nombreux, les vases attiques à figures rouges de style sévère du VIe-Ve siècle manquent, tandis que ceux du IVe abondent.

Ces observations ont été confirmées par celles de Vasseur. A l'entrée de l'ancien port de Marseille, dans l'intérieur du fort Saint-Jean, on eût à construire une caserne; pour en établir les fondations, on creusa un sol en remblai qui n'avait jamais été remué depuis l'antiquité et qui présentait des stratifications parfaitement intactes. Vasseur recueillit tous les fragments de céramique découverts au cours des fouilles, en notant le niveau où ils étaient trouvés. Il constata que les plus anciens appartenaient aux séries ioniennes de la deuxième moitié du VIIe siècle, que les poteries attiques de la fin du VIe et du début du Ve étaient fort rares, celles du IVe très abondantes, et qu'enfin les poteries campaniennes du IIIe et du IIe siècle se superposaient immédiatement aux poteries grecques.

Voilà un ensemble de faits qui concordent avec ceux qui ont

été observés à Montlaurès. L'existence de poteries plus anciennes et plus variées ne peut nous surprendre à Marseille, la métropole de tous les établissements grecs de la région. Ce qui pourrait nous étonner davantage, c'est que le passé hellénique de Marseille tienne tout juste dans quelques poignées de tessons. Passe encore pour la bourgade sans nom de Montlaurès! Les destinées glorieuses de Marseille, le développement de la ville, le bouleversement du sol suffisent pourtant à expliquer la pauvreté de ce résidu. Une ville qui vit sans interruption se consomme elle-même. Les seules villes anciennes qui survivent sont celles qui sont mortes.

C'est le cas d'Emporion, l'actuelle Empurias, une ancienne colonie de Marseille, fondée au cours du VIe siècle dans le golfe de Rosas en Catalogne. Elle mourut sans gloire à la fin de l'occupation romaine. Elle doit à cette circonstance d'être encore assez bien conservée et de nous renseigner, mieux que son illustre métropole, sur l'aspect, le caractère et le rôle de ces villes grecques d'Occident. Des fouilles, exécutées depuis 1908 par la Junte archéologique de Barcelone et luxueusement publiées par la Société des Études catalanes, ont donné des résultats considérables. Ici, les trouvailles ne se réduisent pas à un lot de tessons. C'est une ville qui est exhumée, avec ses remparts, ses habitations, ses nécropoles. Qu'on juge de l'intérêt que présenteraient de pareilles découvertes faites à Marseille!

La ville primitive d'Emporion, — la Paléopolis, — se trouvait établie sur la petite île de Saint-Martin, aujourd'hui atterrie par les alluvions d'un petit fleuve côtier. Comparons cette situation à celle de la montagne de Cordes ou du rocher de Montlaurès, et signalons une fois de plus la prédilection des navigateurs grecs pour les îlots côtiers. La Paléopolis date du VIe siècle. Un peu plus tard, dans le courant du Ve, elle parut insuffisante, et une nouvelle ville, la Néapolis, s'éleva à 500 mètres au sud de la première, sur le bord de la plage. Les remparts en ont été dégagés. Ils forment une petite enceinte rectangulaire de 700 mètres sur 260, construite en gros blocs de pierre bien appareillés. On est frappé d'abord des dimensions restreintes de la ville, aussi bien que de la pauvreté des monuments construits à l'intérieur : point de temples, ni d'édifice publics mais de simples maisons en pisé avec de grandes citernes, en somme un comptoir fortifié. Ce n'est pas tout. A cette petite ville close se juxtapose une immense cité indigène, également ceinte de remparts, et le spectacle de ces deux villes disproportionnées, voisines mais différentes, donne une idée saisissante de la colonisation grecque dans notre pays. C'est ainsi que les choses ont dû se passer à Marseille, à Arles, à Agde, à Narbonne. Les Grecs ont occupé d'abord les îlots du littoral; puis, s'enhardissant, ils ont campé sur le continent, fondé des villes, construit des remparts, apprivoisé peu à peu les populations indigènes avec lesquelles ils ne se sont jamais fondus.

Les découvertes d'objets mobiliers ont été à Empurias beaucoup plus importantes qu'à Marseille et à Montlaurès, parce qu'on a eu la chance de rencontrer des tombes. Elles consistent principalement en bijoux, — bracelets, anneaux de jambes, bagues, perles d'or, — et en céramiques indigènes et importées. Parmi les céramiques locales, on reconnaît les mêmes fragments ibériques qu'on rencontre à Montlaurès. Les séries grecques se suivent régulièrement depuis le milieu du VIe siècle, — vases chalcidiens, chypriotes, corinthiens, attiques à figures noires, — jusqu'à la fin du IIIe, — vases attiques à figures rouges, et pour finir, vases campaniens auxquels succèdent les poteries romaines.

Nous avons rappelé brièvement les résultats des découvertes de Marseille et d'Empurias, pour les rapprocher de celles de Montlaurès, auxquelles les premières se rattachent étroitement. Il faudrait les compléter par une liste des stations où, entre Marseille et Empurias, on a trouvé des débris de poteries helléniques. Je ne vois guère à signaler pour le moment que Nîmes et Ensérune. Mais il doit en exister d'autres que l'avenir révélera. En attendant qu'on puisse dresser la carte des dépôts de tessons grecs dans le golfe du Lion. la question de la colonisation grecque en Occident paraît singulièrement éclairée par toutes ces découvertes. Nous voudrions, pour finir, préciser les résultats obtenus à Montlaurès.

Le premier point qui paraisse acquis, c'est la coexistence. à partir du VIIe siècle à Marseille, du VIe à Empurias et à Montlaurès, de deux civilisations l'une indigène, presque barbare, l'autre étrangère, hellénique. Les deux cités juxtaposées d'Empurias en montrent un symbole saisissant. Quelles étaient ces populations indigènes? A quelle race appartenaient-elles? Ce sont là des questions extrêmement obscures, comme toutes celles qui touchent à l'ethnographie primitive. Nous l'avons dejà constaté à propos des peuples préhistoriques. Nous ne sommes pas beaucoup plus avancés pour l'époque qui nous occupe en ce moment. Aussi, plutôt que de nous engager dans des difficultés inextricables, nous rapporterons simplement, sans chercher à l'approfondir, la tradition antique qui partageait les territoires en bordure du golfe du Lion entre les Ligures et les Ibères. et nous ne nous demanderons pas surtout ce qu'il faut entendre par Ligures et Ibères. En ce qui concerne le pays de Montlaurès, Hécatée de Milet, Hérodote et Aviénus racontent que, dès le VIe siècle. les Ligures avaient fondé à l'embouchure de l'Aude le royaume des Elysiques avec Narbonne comme capitale. Dans le courant du Ve siècle, l'invasion des Ibères refoula les Ligures vers l'Est. Voilà tout. De là conclurons-nous que les habitants des cahutes de Montlaurès ont été d'abord des Ligures, remplacés plus tard par des Ibères, ou bien que la population primitive s'est maintenue après l'invasion ibère? Questions qui restent sans réponse, et qu'après tout nous considérons comme secondaires. Quel que soit le nom qu'il convienne de donner à la race de sauvages qui vivaient dans ces huttes de Montlaurès, le fait essentiel pour nous c'est que ces indigènes ont entretenu pendant plusieurs siècles des relations commerciales avec les Grecs.

A quelle époque les Grecs parurent-ils dans le golfe du Lion ? Après l'étude que nous avons consacrée à la montagne de Cordes, nous serions tenté de répondre qu'ils y vinrent de tout temps. Si les influences égéennes se laissent facilement reconnaître dans les hypogées du Bas-Rhône et dans les monuments de l'âge du bronze en Occident, les poteries grecques que l'on ramasse sur nos côtes marquent seulement le développement ou la continuation d'une tradition plus que millénaire. Les Grecs de l'époque historique ont suivi les routes maritimes frayées par leurs ancêtres égéens. M. Bérard a très bien montré — et c'est là un des résultats les plus solides de ses études homériques — la place que tenait dans l'Odyssée la mer occidentale, et il a établi qu'Ulysse connaissait l'Espagne, le pays des métaux. Si les navigateurs odysséens ont exploré la côte d'Espagne, comme la Sicile et les rivages tyrrhéniens de l'Italie, comment supposer qu'ils aient ignoré le fond de la mer occidentale, les côtes du golfe du Lion ? Il ne faut pas oublier non plus que cette côte présentait pour eux une importance considérable. Deux points surtout les attiraient, l'embouchure du Rhône et l'embouchure de l'Aude. Le Rhône était la grande route qui conduisait au cœur de la France, vers les pays du Nord, les pays de l'ambre et de l'étain. La lagune narbonnaise où se jetait l'Aude était située à la tête de l'isthme gaulois ; de là partait la route vers l'Atlantique, la plus courte et la moins dangereuse, puisqu'elle permettait d'éviter la circumnavigation redoutable de l'Espagne ; la route à travers l'isthme gaulois était aussi une des routes de l'étain. Qu'Arles et Narbonne, ou, en d'autres termes, que Cordes et Montlaurès aient été fréquentés par les plus anciennes marines helléniques, c'est ce qu'on s'explique fort bien quand on connaît le rôle des thalassocraties primitives.

Entre l'époque du bronze et le VIIe siècle, les traces monumentales de ces séjours helléniques ne se rencontrent pas dans notre région. Ce n'est pas une raison pour qu'on ne les y découvre pas un jour. Nos rivages occidentaux sont encore si mal connus, quand on les compare à ceux de l'Orient ou même à ceux de l'Italie ? A partir du VIIe siècle, les monuments abondent et nous entrons dans l'histoire. Les textes nous avaient déjà appris l'importance et le rôle de la colonie grecque de Marseille. Métropole des comptoirs ou des villes qu'elle fonde dans le golfe du Lion, à Théliné, à Rhodanousia, à Agde, à Rosas, à Empurias, elle domine la mer occidentale, résiste à Annibal et ne disparaît que devant Rome. Les monuments ajoutent à l'histoire et nous font comprendre à quel point notre pays fut hellénisé. Remparts de nos oppida, sculptures, monnaies, céramique, écriture, procèdent de modèles grecs. Ce n'est pas tout. La vie matérielle aussi est modifiée par les influences venues d'Athènes. Tous ces tessons que l'on recueille dans notre région ne sont pas des débris d'objets d'art, mais de vases communs destinés à transporter des produits de consommation courante, vins, huiles, parfums, etc. S'il est naturel de les rencontrer dans de grandes villes comme Marseille, quelle surprise de les trouver en abondance et pendant des siècles dans d'humbles bourgades comme Montlaurès, où les conditions de vie des habitants ne paraissent pas avoir dépassé beaucoup celles de l'époque néolithique. De semblables trouvailles font mieux comprendre la puissance économique d'Athènes qui s'ouvrait des marchés jusque dans le plus lointain Occident; elles montrent aussi le rayonnement de l'hellénisme qui répandait chez les Barbares de l'Ouest, avec les produits nationaux, les formes, les types, les légendes sortis de l'imagination de ses artistes et de ses poètes.

Ainsi s'explique peut-être enfin la facilité avec laquelle les populations de notre pays acceptèrent la civilisation romaine. Le même travail d'hellénisation, que nous observons dans la région soumise à l'influence de Marseille, s'opérait dans l'Italie tout entière. Les mêmes souffles se faisaient sentir dans la Grèce languedocienne, dans le Latium ou l'Étrurie. Les populations indigènes seules différaient. Si les Volques du Languedoc n'ont pas eu les destinées brillantes des Étrusques ou des Latins, du moins étaient-ils préparés de longue date par le lent établissement d'une tradition commune à recevoir des Romains cette nouvelle forme de la civilisation grecque qui s'était développée en Italie.

MAGUELONE.[1]

BIBLIOGRAPHIE. — E. Bonnet, *Antiquités et monuments de l'Hérault*, p. 440, n. 2, donne la bibliographie ancienne. Ajouter : F. Fabrège, *Histoire de Maguelone*, 3 vol.; J. Berthelé, *La vieille chronique de Maguelone*, dans les *Mémoires de la Société archéologique de Montpellier*, 1908, p. 95; Rouquette et Villemagne, *Le bullaire de l'Église de Maguelone*, t. I, 1911; les mêmes, *Le cartulaire de l'Église de Maguelone*, en cours de publication.

Maguelone est une petite île de tuf volcanique, d'une superficie de 30 hectares environ, qui émerge au-dessus de la surface de l'étang de l'Arnel. Elle est séparée de la mer par le cordon littoral[2], auquel elle est aujourd'hui reliée par une levée de terre récemment établie; elle se rattache, depuis le XIe siècle, au continent par une jetée qui traverse l'étang.

Cette situation exceptionnelle, favorisée encore par l'existence d'un grau qui s'ouvrait juste en face de l'île au sud, a dû de bonne heure attirer l'attention des navigateurs. Sans vouloir remonter jusqu'aux plus anciennes marines de la Méditerranée, dont on n'a jusqu'ici retrouvé nulle trace à Maguelone, on peut du moins remarquer que cet îlot, abrité derrière le cordon

1. *Rev. Arch.*, t. XIII, avril-juin 1921, p. 37-74.

2. Les cordons littoraux sont essentiellement mobiles et se déplacent sous des influences diverses, comme on le voit à Aigues-Mortes. Il n'est pas certain que le cordon littoral actuel se trouve à la même place que celui du moyen âge ou de l'antiquité. Il est probable qu'autrefois il s'avançait plus loin en mer. On a pu supposer même que le banc de sable que l'on rencontre à 3 kilomètres au large est un reste de ce cordon — bien loin d'être, comme on l'a dit, un cordon en formation. La mer gagne sur la terre et non pas la terre sur la mer. Dans tous les cas, les variations du cordon littoral et de l'ouverture des Graus dans l'antiquité et au moyen âge ne nous sont plus connues.

littoral, à proximité de la côte, présente quelques-uns des avantages que les navigateurs phéniciens et grecs recherchaient pour leurs mouillages. Le nom même de Maguelone semble bien dériver de deux mots grecs, μεγάλη νῆσος, la grande île.

Dans cette île s'établit, sans qu'il soit possible d'en fixer la date[1], un des premiers centres du christianisme dans la Gaule méditerranéenne. De très-bonne heure, dès le ve siècle, Maguelone devint le siège d'un évêché qui dura jusqu'au XVIe siècle.

Ce sont là des faits qui nous reportent à un état de civilisation si différent du nôtre, que, pour nous en faire une idée, nous devons imaginer entre les centres humains de notre région un rapport exactement inverse de celui qui existe actuellement. Aujourd'hui, Montpellier se dresse sur les premières pentes des Cévennes et domine, de loin, une vaste lagune quasi déserte. Autrefois, jusqu'au XIIe siècle, Montpellier n'existait qu'à l'état de village et les eaux de la lagune, mortes à présent, étaient sillonnées de bateaux qui naviguaient en toute sécurité derrière le cordon littoral. L'étang formait alors un tronçon de la grande route lagunaire qui reliait le Rhône à l'Aude, Arles à Narbonne. De petits ports animaient ses rives : Vic, Villeneuve, Lattes, Mauguio en constituent les lointaines survivances. En face d'eux, l'îlot de Maguelone offrait au siège épiscopal la protection des eaux qui l'entouraient.

Cette fortification naturelle devait éveiller des convoitises. Le maître de Maguelone était aussi le maître de la lagune, c'est-à-dire de la navigation, du commerce et de la richesse. Aussi, lorsque les Sarrazins, maîtres de l'Espagne, menacent la Gaule, ils font de Maguelone, située en face des Baléares et de l'Afrique musulmane, une place redoutable d'où ils dominèrent le bas pays. Il fallut, pour les en déloger, l'expédition de Charles Martel, qui, en 737, rasa toutes les fortifications de l'île.

Trois cents ans s'écoulèrent avant que les évêques de Mague-

1. La plus ancienne inscription chrétienne découverte dans l'île paraît remonter au IIIe siècle.

lone, réfugiés à Substantion d'abord, puis à Villeneuve, osassent s'aventurer à nouveau dans l'île et relever leur cathédrale détruite. Encore commencèrent-ils par fermer le grau qui s'ouvrait en face de l'île et par construire une longue jetée entrecoupée de ponts[1] qui reliait Maguelone à Villeneuve (milieu du XIe siècle). Réédifiée au XIe et au XIIe siècle, complétée au XIIIe, la cathédrale, avec ses annexes, présentait l'aspect d'une forteresse massive et farouche, qui se dressait dans la lagune. Entre temps, Maguelone était devenue fief du Saint-Siège, par la donation de Pierre, comte de Melgueil, à Grégoire VII en 1085, et pouvait, nouvelle barque de saint Pierre, servir de refuge à la papauté.

En face d'elle, sur le continent, se développa, à partir du XIIe siècle, la puissante commune de Montpellier, grand entrepôt commercial, qui, grâce à la lagune, s'élève au rang de port méditerranéen. L'île, terre papale, au-devant du continent que se disputaient les souverains temporels, offrait un abri sûr d'où les évêques, qui avaient aussi des droits sur Montpellier, observaient les agitations de la politique. *Suave mari magno.* Aussi, malgré les chanoines qui trouvaient parfois le séjour de l'île un peu austère, Maguelone demeura, pendant tout le moyen âge, ville épiscopale. C'est en 1536 seulement, au temps de l'évêque Guillaume Pélicier, ami de François Ier, que l'évêché fut transféré à Montpellier.

On était à la veille des guerres de religion. Maguelone subit le contre-coup des troubles qui éprouvèrent particulièrement le Languedoc. Prise et reprise par les partis opposés, la cathédrale-forteresse servait de repaire aux révoltés. Comme Charles Martel, 900 ans plus tôt, Louis XIII, en 1633, après le soulèvement du Languedoc, ordonna de raser toutes les fortifications de l'île, ne laissant subsister que l'église démantelée. La destruction ne s'arrêta pas là. Les ruines elles-mêmes

1. Les piles de ce pont se voyaient encore, aux basses eaux, jusqu'en 1900, époque où la route actuelle, qui recouvre exactement la jetée du XIe siècle, a été refaite.

servirent de carrière aux ingénieurs chargés de la construction du canal des étangs en 1708. Elles se dressent aujourd'hui, pieusement réparées, au milieu d'un parc où le zèle archéologique de Frédéric Fabrège les a sauvées pour longtemps. C'est à lui que nous devons de pouvoir à notre tour les étudier et les interroger.

De toutes les constructions dont l'île était couverte au moyen âge — édifices religieux, civils et militaires, groupés derrière une haute muraille et destinés à une population de trois ou quatre cents personnes — il ne reste plus aujourd'hui que la cathédrale démantelée avec son annexe du palais épiscopal, des traces des bâtiments capitulaires et du mur d'enceinte, et la petite église Saint-Blaise restaurée et transformée en bibliothèque.

La cathédrale se dresse sur le point culminant de l'île. Dans son état actuel, elle présente l'aspect d'un monument complexe, formé de parties d'époques différentes. Elle est, dans son ensemble, conforme au type des églises fortifiées, nombreuses dans le pays — les Saintes-Maries, Vic, Agde, etc. Extérieurement, on reconnaît d'abord un puissant massif de maçonnerie rectangulaire, où font saillie une abside pentagonale et des tours. Le tout est surmonté de mâchicoulis que supportaient de grands axes plein-cintre bandés entre les contreforts. Tours, mâchicoulis et créneaux ont disparu en tout ou en partie, mais il est possible d'en déterminer l'emplacement et d'en reconstituer l'aspect. La porte principale, décorée de sculptures, s'ouvre à l'Ouest. On observera qu'elle n'est pas percée dans l'axe de la construction.

La porte franchie, une vaste tribune qui s'étend sur trois travées, dissimule à la vue la disposition de l'ensemble. Il faut s'avancer jusqu'à la croisée pour voir que l'église présente la forme d'une croix latine et qu'elle comprend une nef unique, très large, voûtée en berceau légèrement brisé. Elle est divisée en quatre travées, séparées par de hautes colonnes engagées, à chapiteau corinthien, qui supportent les retombées de triples arcs doubleaux. Une corniche, d'un style très pur avec des moulures très sobres, réunit les chapiteaux entre eux, égayant de ses jeux d'ombre et de lumière la belle voûte de pierres dorées par le temps.

Dans la troisième travée à droite (sud) s'ouvre une petite chapelle carrée dédiée à saint Augustin. Dans la quatrième travée à gauche (nord) est percée une porte qui donne accès : 1° au cloître; 2° à un escalier, construit dans l'épaisseur du mur, et conduisant, d'une part à la tribune, de l'autre, au cloître supérieur et aux parties hautes de l'église. La tribune, spacieuse, s'étendait sur toute la partie antérieure de la nef et servait de chœur aux chanoines. La nef n'a point de fenêtres au nord et a de simples meurtrières au sud.

Le chevet se compose d'une abside et d'un transept. La croisée est voûtée en berceau plein-cintre[1]. L'abside en cul-de-four est éclairée par trois fenêtres à colonnettes et ornée d'une série de petites arcatures. Sous l'arc triomphal se dresse l'autel, celui même qui fut consacré par le pape Alexandre III en 1163. Sur chaque croisillon s'ouvre une absidiole très peu profonde, ne faisant point saillie à l'extérieur et orientée comme l'abside principale. Chacun des croisillons est voûté sur croisées d'ogives d'un caractère primitif. Les nervures retombent, du côté de la nef, sur des colonnes engagées à chapiteaux corinthiens (en partie refaits). Le croisillon nord est surmonté d'une chapelle, dédiée à saint Pancrace, voûtée sur croisée d'ogives archaïques. On y accédait par un escalier extérieur, aujourd'hui détruit, qui s'appuyait sur les voûtes du cloître supérieur.

Tel est l'état actuel et l'aspect d'ensemble de l'édifice. Du

1. Les monuments funéraires qui décorent le transept, transformé en un petit Musée lapidaire, sont en majorité (quelques-uns ont été apportés du dehors) les tombes des évêques de Maguelone, qui, jusqu'au XVIIe siècle, y ont été ensevelis. On remarquera principalement les pierres tombales de Jean de Bonail († 1487), d'Yzarn de Barrière († 1498), d'Antoine Subject († 1590), de Guitard de Ratte († 1602), et dans le croisillon nord les restes du tombeau gothique du cardinal Raymond de Canillac († 1373), originaire de Mende, rival malheureux d'Urbain V à la papauté. On a ainsi sous les yeux les divers aspects de la sculpture funéraire française du XIVe au XVIIe siècle.

premier coup d'œil un archéologue exercé constate qu'il n'a pas été construit d'un seul jet. Des différences dans l'appareil et dans les voûtes, des décrochements, des irrégularités dans le plan témoignent de remaniements successifs. De là, beaucoup d'obscurités qu'il est difficile pour le moment d'éclaircir. Voici quelques indications provisoires que l'on peut dégager des documents publiés.

Pour nous orienter dans l'étude du monument, il nous faut recourir aux textes. Le cartulaire de Maguelone, conservé aux Archives départementales de l'Hérault, constitue un recueil de documents réunis au XIVe siècle en six volumes in-folio par l'évêque Arnaud de Verdale et ses successeurs, et dont les abbés Rouquette et Villemagne ont entrepris la publication. Parmi les pièces les plus anciennes de ce recueil se trouve un texte précieux, connu sous le nom de « la Vieille Chronique de Maguelone ». Rédigé dans la deuxième moitié du XIIe siècle, il nous a été conservé sous forme de copie insérée vers 1368 dans le t. II du Cartulaire de Maguelone, d'après une transcription faite en 1343 par les soins de l'évêque Arnaud de Verdale. Ce document, récemment réédité et commenté par M. J. Berthelé, publié depuis dans le Cartulaire de Maguelone, fournit des renseignements précis sur les travaux exécutés à la cathédrale par les évêques qui se sont succédé du 2e quart du XIe siècle au troisième quart du XIIe: Arnaud Ier (1030-1060) Bertrand (1060-1080), Godefroy (1080-1104),Galtier (1104-1129?), Raymond Ier (1129-1158),Jean de Montlaur (1158-1190). De l'examen de ce texte il résulte que l'église primitive, gallo-romaine ou mérovingienne, détruite par Charles Martel en 737, fut remplacée vers le milieu du XIe siècle par la cathédrale reconstruite par Arnaud Ier; — que cette église, rapidement délabrée, fit place à une autre, dont le chevet fut commencé par Galtier (*caput ecclesiae, tres choros et turrim S. Sepulcri a fundamentis aedificavit*), et achevé par son successeur Raymond Ier (*a muris superius consummavit*); — qu'enfin la nef qui menaçait ruine fut démolie et reconstruite par Jean de Montlaur (*ecclesia vetus demolita est et nova ex majori parte constructa*). Ainsi, quatre monuments ou parties de monuments se seraient succédé sur le même emplacement : 1° l'église primitive, construite à une date inconnue, détruite en 737 ; — 2° la cathédrale d'Arnaud, dédiée en 1054 ; — 3° le chevet de Galtier et de Raymond (1re moitié du XIIe siècle) ; — 4° la nef de Jean de Montlaur (2e moitié du XIIe siècle).

Que subsiste-t-il et que peut-on reconnaître de ces quatre monuments successifs ? De l'église primitive, gallo-romaine ou mérovingienne, il ne reste rien d'apparent. Au cours des fouilles exécutées en 1879 dans l'intérieur de l'édifice, Fabrège a retrouvé les substructions d'une abside demi-circulaire, contrebutée par trois contreforts qui auraient appartenu à l'église primitive. La disposition en est indiquée au moyen d'un pavage de couleur. Il s'agissait, on le voit, d'un édifice de très petites dimensions. Les mêmes fouilles ont permis de déterminer avec précision la seconde église, celle d'Arnaud Ier. Le chœur occupait la 4e travée du vaisseau actuel ; en avant du maître-autel on a découvert les fondations d'une abside, et l'on a constaté que l'appareil et le mortier étaient identiques à ceux de la chapelle Saint-Augustin, qui a été conservée et qui formait par conséquent le transept méridional de l'église d'Arnaud Ier. C'est le chevet de cette église qui fut remplacé par le chevet actuel, construit par Galtier et Raymond. Si, comme le dit le texte de la chronique, Galtier a commencé le chevet et si Raymond en a terminé la partie supérieure, on pourrait alors attribuer à Raymond (1129-1158) la construction de la chapelle Saint-Pancrace, située au-dessus du croisillon nord ; et comme les croisées de cette chapelle sont identiques à celles des deux bras du transept, on pourrait considérer celles-ci comme contemporaines des premières. On observera, du reste, que les croisées d'ogives ne paraissent pas avoir été prévues lors de la construction du transept et ont dû être ajoutées après coup. Nous posséderions ainsi une date assez précise pour les croisées d'ogives de Maguelone, 1129-1158.

Quant à la nef, certains indices : décrochement de l'appareil à la jonction de la nef et du transept, différences dans les voûtes (arc brisé dans la nef au lieu du plein-cintre à la croisée), permettent de l'attribuer à une époque plus récente que le transept, c'est-à-dire en définitive à l'épiscopat de Montlaur. On constate ainsi d'étroites concordances entre le texte et le monument.

A l'extérieur, on observe les mêmes différences d'appareil ; d'abord, au milieu de la façade méridionale, une tour en petit appareil ; c'est la partie la plus ancienne de l'édifice, le reste de l'ancien transept du XIe siècle (chapelle Saint-Augustin) ; — puis le chevet, en plus grand appareil, encore irrégulier (1re moitié du XIIe siècle) ; — enfin, la nef proprement dite en bel appareil régulier (2e moitié du XIIe siècle).

De toutes les parties de la construction c'est la façade (ouest) qui présente le plus de traces de remaniements. D'abord, dans la moitié méridionale de cette façade, on note une différence de matériaux (calcaire grossier au lieu de calcaire dur) et d'appareil. On constate aussi, au niveau de la tribune intérieure, la présence d'une porte qui s'ouvre directement sur le vide. Ces particularités s'expliquent par l'existence d'une tour, — aujourd'hui disparue, — qui flanquait la partie méridionale de la façade et masquait le mur construit en matériaux grossiers. C'était la tour appelée « tour des onze mille vierges » dans les textes. Elle était divisée en plusieurs étages, comme le montre la porte percée à hauteur du premier étage. C'est au rez-de-chaussée qu'il convient sans doute de placer la chapelle Saint-Jean, mentionnée dans les textes et où fut enseveli Jean de Montlaur[1], l'auteur de la nef de la cathédrale.

Ainsi, en avant de la porte d'entrée, se dressait, à droite, une tour en saillie, qui a disparu aujourd'hui. A gauche, nous voyons maintenant une tour de grandes dimensions qui s'ap-

1. La dalle funéraire de Jean de Montlaur a été découverte récemment dans l'île et transportée dans la tribune de l'église.

plique sur la partie septentrionale de la façade. Du premier coup d'œil, on reconnaît là une addition postérieure. L'appareil à bossages, analogue à celui des murailles d'Aigues-Mortes, ne peut être antérieur à la fin du XIIIe siècle. Cette tour a été reconstruite sur l'emplacement de l'ancien palatium épiscopal, contigu à la cathédrale. Elle aussi comportait plusieurs étages. Au rez-de-chaussée, la sacristie nouvelle, mentionnée par les textes; au premier étage, la chambre de l'évêque, communiquant par une porte avec le cloître supérieur, et par là, avec la tribune de l'église. Extérieurement, on constate la présence de trous destinés à des hourds, permettant l'établissement d'une galerie de défense en bois.

Entre les deux tours, celle des onze mille vierges et celle du palatium, était ménagé un étroit couloir qui conduisait à la porte de l'église. Ce couloir était précédé d'un porche cintré dont on voit encore les amorces sur la tour de gauche; le porche était fermé par une porte. Le couloir devait être couvert, sinon voûté, à hauteur du premier étage et formait ainsi une sorte de gimel, réservé, comme à Saint-Guilhem-le-Désert, aux pénitents. La couverture de ce gimel était interrompue, avant d'arriver à la porte de l'église, laissant, pour les besoins de la défense, un espace vide que dominaient les mâchicoulis du couronnement de la construction. Ainsi, dans tous ses détails, la cathédrale Saint-Pierre présentait l'aspect d'un donjon.

Reste la porte principale. On n'y observe pas moins de traces de remaniements que sur la façade elle-même. Le tableau de la porte est surmonté d'un linteau sculpté, ancienne borne milliaire de la Voie Domitienne remployée à de nouveaux usages. Il sert de support à un tympan en arc brisé, encadré de plaques de marbres de couleur. Dans chacun des piédroits viennent s'enchâsser deux fragments d'un tympan primitif où sont figurés les apôtres saint Pierre et saint Paul. Enfin, du côté du tableau, en haut de chacun des jambages, font saillie deux modillons décorés de têtes barbues qui se font face. Le linteau porte une inscription, une signature et une date. L'inscription, en vers léonins, se lit :

Ad portum vitae sitientes quique venite,
Has intrando fores vestros componite mores;
Hinc intrans ora; tua semper crimina plora;
Quicquid peccatur lacrimarum fonte lavatur.

La signature et la date accompagnent ce texte:

Bernardus (de) Treviis fecit hoc, anno incarnationis Domini
MCLXXVIII.

La signature est celle de Bernard de Tréviers, le troubadour connu, l'auteur du roman de Pierre de Provence et la belle Maguelone, et il n'est pas douteux que le *hoc* dont il réclame la paternité, s'applique à la poésie, et non pas, comme on l'a proposé, à la sculpture du linteau, voire même à la construction de l'église[1]. La date de 1871 qui est celle de la poésie, convient aussi parfaitement au linteau, apparenté à celui de Saint-Trophime d'Arles; elle est acceptable, à la rigueur, pour les deux modillons et pour les deux figures d'apôtres qui seraient des fragments du tympan primitif. Elle marquerait alors la fin des travaux achevés sous l'épiscopat de Montlaur. Quant au tympan actuel, médiocre et commune composition, où figure le Christ en gloire entre les symboles des quatre Évangélistes, il appartient au gothique avancé. L'emploi des marbres de couleur qui forment l'encadrement ferait songer à un travail italien. Si l'on se rappelle que la construction de la tour de gauche date des environs de 1300, et qu'elle modifiait singulièrement l'aspect de la façade, on peut supposer qu'à cette occasion la porte d'entrée a pu être aussi remaniée.

Telles sont les dispositions essentielles de la cathédrale Saint-Pierre. Mais ce que nous en voyons debout ne peut nous donner qu'une bien faible idée de l'ensemble des constructions de Ma-

1. Cette hypothèse, proposée par M. Berthelé, ne paraît pas devoir se vérifier. Le maître d'œuvre nous est connu par les textes ; ce n'est pas Bernard de Tréviers, qui devra se contenter de sa réputation de bon poète.

guelone. L'église n'en était qu'une partie, la plus importante, il est vrai, mais à côté d'elle il faut restituer tout un ensemble qui constituait comme la survivance de la « domus ecclesiae » des premiers siècles chrétiens. « La domus ecclesiae, dit Mgr Duchesne[1], était quelque chose d'assez compliqué, à la fois église, réfectoire, dispensaire, hospice. » A Maguelone, près de l'église on trouvait le logement de l'évêque, des chanoines et de leurs serviteurs, des soldats chargés de les défendre, des étrangers qui venaient là de toutes les parties de la chrétienté ; il fallait aussi des salles pour conserver les archives, les livres saints et les vases sacrés, des magasins pour les provisions ; enfin, pour protéger toute cette agglomération, une ceinture de hautes murailles.

Nous ne pouvons plus, aujourd'hui, ressusciter cet ensemble disparu qu'au moyen des textes. Le compte-rendu d'une visite pastorale faite en 1611, avant la destruction ordonnée par Richelieu, montre que jusqu'à cette date Maguelone avait conservé l'aspect qu'elle présentait au moyen âge.

Les textes, quelques coups de pioche supplémentaires permettraient de dessiner d'un trait sûr les dispositions de l'ensemble. On en saisit déjà le plan avec une suffisante clarté. Sur le flanc Nord de l'église, s'appuyait un des côtés d'un cloître rectangulaire à deux étages, dont on aperçoit encore des traces. Sur les trois autres côtés du rectangle s'alignaient les bâtiments de l'évêque et des chanoines — palais épiscopal à l'Ouest, réfectoire, dortoir, cuisines au Nord et à l'Est. En avant de la façade occidentale constituée par le « palatium » épiscopal, une haute tour carrée faisait saillie, reliée par un étroit passage au reste de la construction : c'était le fort. Ajoutez encore une hôtellerie pour les étrangers, située en dehors des bâtiments capitulaires, du côté de l'étang — une collégiale, destinée aux jeunes clercs, du côté de la mer, sur l'emplacement où s'élèvent aujourd'hui les caves de la propriété — une infirmerie — la

1. *Origines du culte chrétien*, I, p. 385.

chapelle Saint-Blaise, destinée au personnel subalterne, restaurée aujourd'hui et transformée en bibliothèque. Imaginez enfin toutes ces constructions entourées d'une haute muraille d'enceinte percée de portes qui établissaient la communication avec le monde extérieur, l'une, la principale, au Nord, qui s'ouvrait sur le pont conduisant à Villeneuve à travers l'étang, l'autre, au Sud, qui donnait accès au chemin de la plage — et vous aurez restitué à peu près cet ensemble qui devait donner l'impression d'une forteresse redoutable, close de toutes parts, émergeant au-dessus des eaux, comme un vaisseau de guerre mouillé dans la lagune.

Lorsque cette formidable construction fut rasée par ordre de Richelieu, elle avait depuis longtemps cessé de jouer le rôle auquel elle avait été destinée. Tout au plus, pouvait-elle servir de repaire aux brigands et aux pirates, après avoir abrité pendant dix siècles les destinées de l'Église dans le Bas-Languedoc. En somme, elle n'avait de raison d'être qu'à une époque où la navigation de la lagune était florissante, où la route de mer était plus sûre que la route de terre, où Maguelone servait de lien entre les petites communautés chrétiennes dispersées entre le Rhône et l'Aude. Ce rôle, elle le joua jusqu'au XIIe siècle, et le XIIe siècle principalement fut la grande époque de Maguelone. Mais quand, à partir du XIIe siècle, deux villages du continent se muèrent en une grande ville, entrepôt commercial du Bas-Languedoc, puissante commune constituée sur le modèle des républiques italiennes, Maguelone devait disparaître devant Montpellier. L'attraction de la grande ville était trop forte, et en attendant le transfert inévitable du siège épiscopal à Montpellier en 1536, la petite troupe de chanoines échoués à Maguelone ne donne plus guère que le spectacle de méridionaux ingouvernables, pareils à des grenouilles qui ne savent pas se donner un roi. Depuis le XIIIe siècle, Maguelone n'apparaît plus que comme une survivance archéologique.

Villeneuve-lès-Maguelone[1].

Un pont construit par l'évêque Arnaud Ier rattachait Maguelone à la terre ferme. Un tablier de bois long de près d'un kilomètre reposait sur 19 piles cylindriques en pierre, restées visibles jusqu'en 1900, avant qu'elles ne fussent recouvertes par la chaussée qui relie Villeneuve à Maguelone.

Villeneuve se dresse à 1.500 mètres environ de l'étang avec lequel elle communiquait par un canal qui conduisait l'eau dans le fossé de la ville. C'était une de ces nombreuses petites cités qui, comme Mauguio, Vic, Frontignan, s'était formée sur le bord de la lagune et vivait de la navigation lagunaire. Elle existait au temps de Charles Martel, puisqu'elle servit de refuge aux habitants de Maguelone, puis de résidence aux évêques. Des actes successifs des rois de France depuis le IXe siècle (charte de Louis le Débonnaire en 819, confirmée par un diplôme de Louis VII en 1155, un accord de 1163 et des lettres de 1179) font de Villeneuve un fief royal administré par l'évêque.

La ville se développe surtout au XIIe siècle, comme Maguelone qui en était la raison d'être. Elle était ceinte de murailles aux portes bastionnées, et entourée d'un fossé. Ces remparts, mentionnés dans un texte de 1154, furent sans doute rebâtis ou complétés vers la fin du XIIe siècle[2]. La ville présentait l'aspect d'une forteresse où les évêques de Maguelone pouvaient se réfugier en cas d'attaque.

On aperçoit encore des restes de remparts sur le côté sud de la ville qui regarde l'étang. Les textes signalent des monuments, maison épiscopale, hôpital, hôtellerie. Seule, l'église, dédiée à saint Etienne, subsiste aujourd'hui. Elle a été défigurée par des reconstructions et des restaurations; mais elle contient des parties, telles que la nef, probablement antérieure à la

1. Cf. Germain, *Mémoires de la Soc. arch. de Montpellier*, Ire série, t. III, p. 273.

2. Texte d'Arnaud de Verdale, à l'année 1190.

deuxième église de Maguelone, celle d'Arnaud Ier, et remontant ainsi à la première moitié du XIe siècle. Elle comportait une seule nef, voûtée en berceau, divisée en quatre travées par des arcs doubleaux. L'abside et les absidioles paraissent avoir été reconstruites au XIIe siècle, comme l'indiquent l'appareil et la décoration extérieure faite d'arcatures surmontées d'une frise en dents d'engrenage.

Villeneuve servait surtout à garder la tête du pont qui reliait Maguelone au continent. C'était un petit Aigues-Mortes qui mirait ses murailles dans l'eau croupie de ses fossés. Son rôle cesse le jour où le siège épiscopal fut transféré de Maguelone à Montpellier, et l'ancienne place forte aujourd'hui démantelée a fait place à un petit centre agricole empesté par la fièvre et les moustiques.

LES STATIONS DE LA ROUTE DU PÈLERINAGE DE SAINT-JACQUES-DE-COMPOSTELLE.

C'est aux récentes études de M. C. Jullian et à celles de M. J. Bédier sur l'Épopée française au moyen âge que nous devons la notion du rôle qu'ont joué les abbayes dans la formation des poèmes épiques, et de l'importance qu'ont eues les routes de pèlerinage sur le développement des abbayes et, par suite, des légendes épiques. Pendant tout le moyen âge, particulièrement à l'époque des croisades, du XIe au XIIIe siècle, les routes de notre pays étaient parcourues par les troupes de pèlerins qui se rendaient en masse vers les sanctuaires offerts à leur vénération. Sur ces routes se dressaient, comme des gîtes d'étapes, des abbayes. Dans ces abbayes on avait recueilli des reliques destinées à attirer et à retenir les pèlerins, si bien que la route du grand pèlerinage était jalonnée de pèlerinages secondaires. C'est là, dans ce milieu de moines, de pèlerins et de légendes pieuses, que se sont formés ces récits poétiques d'où est sortie l'épopée française du XIe et du XIIe siècle.

Si l'étude de ces routes de pèlerinage est intéressante pour l'histoire littéraire, elle l'est aussi pour l'archéologie, puisque nous retrouvons encore les monuments contemporains qui se sont élevés sur ces routes, villes, abbayes, églises, hospices, etc.

Des trois grands pèlerinages du moyen âge à Rome, Jérusalem, Saint-Jacques-de-Compostelle, celui-là seul nous intéresse, puisqu'une des routes qui y conduisaient traversait notre pays de Bas-Languedoc.

Les origines n'en sont pas très anciennes. On racontait que le corps de saint Jacques, frère de saint Jean, avait été transporté en Galice, que son tombeau avait été découvert par des paysans et était devenu l'objet d'un culte à Saint-Jacques-de-Compostelle, dans le premier tiers du IXe siècle. De toute cette légende un seul fait subsiste, c'est la réalité du culte galicien. Ce fut d'abord un culte purement local. Puis, dès le Xe siècle, il attire des pèlerins de France. Le plus ancien qu'on connaisse est un évêque du Puy, Gottescalc, qui fit le voyage en 951. Les routes n'étaient pas sûres ; les Musulmans occupaient le pays. Deux fois en 988 et en 994, Almanzor prit Compostelle et rasa l'église. Au XIe siècle, les pèlerins se font plus nombreux. Au commencement du XIIe siècle le pèlerinage bat son plein. C'est de cette époque que date la magnifique église. L'abbé de Saint-Jacques est un puissant personnage qui exerce une véritable primauté en Espagne, qui attire les regards de la chrétienté tout entière et qui semble même éclipser le pape de Rome. Ce qui lui donne sa puissance, c'est l'armée des pèlerins qui sillonnent les routes pour venir vénérer les reliques de saint Jacques. On y venait surtout de France. Au temps des croisades, lorsque tous les regards semblaient tournés vers la Terre Sainte, un flot de pèlerins se dirigeait vers le sanctuaire galicien.

Si tous les chemins mènent à Rome, tous les chemins ne conduisent pas à Saint-Jacques. En France, s'étaient constituées des routes avec leurs gîtes d'étape que suivaient de préférence les pèlerins. Ces routes nous sont connues par un livre qui servait de guide aux pieux voyageurs, le *Liber de miraculis*. Ce guide contenait toutes sortes de renseignements hagiographiques, historiques, géographiques, décrivait les routes principales qui conduisaient à Saint-Jacques et énumérait en même temps les abbayes, les curiosités qui se trouvaient sur ces routes et méritaient de retenir les pèlerins. C'est, en somme, un guide de « Syndicat d'initiative » qui lie la fortune de vingt sanctuaires secondaires à celle du fameux Saint-Jacques : œuvre collective et concertée qui paraît avoir été compilée à Cluny vers le milieu du XIIe siècle.

Le *Liber de miraculis* décrit quatre routes principales :

1° Arles, Saint-Gilles, Montpellier, Toulouse, le Somport;

2° Le Puy, Conques, Moissac, Ostabat;

3° Vézelay, Saint-Léonard, Saint-Front de Périgueux, Ostabat;

4° Tours, Poitiers, Saint-Jean-d'Angély, Saintes, Bordeaux, Ostabat. Les trois dernières routes se réunissent à Ostabat, franchissent le col de Roncevaux et rejoignent la première route à Puente la Reina, au sud de Pampelune. A partir de là, il n'y a plus qu'une seule route jusqu'à Compostelle, par Burgos, Léon, etc.

La première de ces routes, la route Languedocienne, suit exactement le tracé de la Voie Domitienne, d'Arles à Narbonne. Le *Liber de miraculis* décrit les villes, les abbayes, les monuments que l'on y rencontre. Nous aurions voulu suivre à notre tour cet itinéraire et ressusciter les monuments que les pèlerins rencontraient à travers le Bas-Languedoc en se rendant à Saint-Jacques-de-Compostelle. Nous nous bornerons pour le moment à l'étude d'une de ces stations, celle de Saint-Guilhem-le-Désert.

SAINT-GUILHEM-LE-DÉSERT.

Es grans deserz ou il ot sa meson :
De Montpellier trois lieues i conte on.
(*Enfances Guillaume*)

BIBLIOGRAPHIE. — E. Bonnet donne une bibliographie complète à la fin du travail intitulé : *l'Église abbatiale de Saint-Guilhem-le-Désert*, in *Compte-rendu du*

73e Congrès archéologique de France tenu en 1906 à Carcassonne et à Perpignan (p. 55 du tirage à part).

Les ouvrages essentiels à consulter sont :

Cartulaire de l'abbaye de Gellone (804-1236) publié par la *Société archéologique de Montpellier* en 1898; J. Renouvier, *Anciennes églises du département de l'Hérault*, (*Mémoires de la Soc. arch. de Montpellier*, 1re Série, t. I, p. 97) ; *Histoire, antiquités et architectonique de l'abbaye de Saint-Guilhem-le-Désert*, in *Monuments de quelques anciens diocèses du Bas-Languedoc*, Montpellier 1837 L. Vinas, *Visite rétrospective à Saint-Guilhem-le-Désert*, Montpellier, 1875 ; Revoil, *Architecture romane du Midi de la France*, t. I, pl. 38 à 43; t. III, pl. 52, 56, 57, Paris, 1873; C. Révillout, *Étude historique sur l'ouvrage latin intitulé : Vie de saint Guillaume*, in *Mémoires de la Soc. arch. de Montpellier*, Ire série, t. VI, p. 495 ; E. Bonnet, *Antiquités et monuments du département de l'Hérault*, 1905, p. 427, 453, 461 ; J. Bédier, *Les légendes épiques*, t. I, p. 92, Paris, 1908 ; W. Pückert, *Aniane und Gellone*, Leipzig, 1899.

La voie Toulousaine, la grande route du pèlerinage de Compostelle, franchissait l'Hérault sur le vieux pont romain, conservé encore en partie, de Saint-Thibéry. Avant d'atteindre le fleuve, les pèlerins étaient sollicités par leurs guides de faire un léger détour vers le Nord pour aller visiter l'abbaye de Saint-Guilhem-le-Désert. « *Igitur ab his qui per Viam Tolosanam ad Sanctum Jacobum tendunt, beati confessoris Guilhelmi corpus est visitandum.* » (*Liber de miraculis Sancti Jacobi*, lib. X.)

Sur leur route, à une trentaine de kilomètres au Nord de la Voie Toulousaine, ils rencontraient d'abord le monastère d'Aniane, au fond de la fertile plaine qui commence à l'endroit où l'Hérault sort de ses gorges sauvages. C'était un glorieux monastère. Il avait été fondé en 782 par un Goth, nommé Witiza, fils du comte de Maguelone, qui s'était retiré du siècle. Ce grand personnage changea son nom goth de Witiza pour prendre, en l'honneur de saint Benoît de Nursie, celui de Benoît. Il devint le grand réformateur de l'ordre Bénédictin, que l'église révère sous le nom de saint Benoît d'Aniane.

Malgré cette illustre origine, le monastère retenait peu les pèlerins. Ils continuaient à se diriger vers le Nord, et bientôt, à trois kilomètres de là, ils franchissaient l'Hérault sur un pont. Là, changement de décor subit. On quittait la riche plaine, les vignes et les olivettes et on pénétrait dans les gorges d'où l'Hérault s'échappe avec fracas. La vallée, très étroite, se développe au pied des escarpements formidables du causse de Larzac. Les rochers gigantesques qui brillent au soleil, les sources vives, les eaux écumantes du torrent, ce paysage sévère et éclatant qui rappelle celui de Delphes, accroché au flanc du Parnasse, ce spectacle grandiose avait frappé les poètes du moyen âge qui en ont célébré la beauté. Aux abords de Saint-Guilhem

Une fontaine i a lès un rocier.

C'est la source de la Clamouse qui se précipite en cascade dans l'Hérault.

L'aighe i tornoie entor et environ.
Grans est la fosse, nus n'i peut prendre fons.
Maint pelerin le voient qui la vont.
Caillous et pierres getent el plus parfont.

Bientôt enfin — 7 kilomètres seulement le séparent d'Aniane — on atteignait le monastère de Saint-Guilhem. Il se dressait au confluent de l'Hérault et d'un petit ruisseau, appelé le Verdus et barrait l'étroit passage qui précède l'immense conque où se développe le cours supérieur du Verdus, au pied des murailles à pic du Larzac.

Or est Guillelmes el desert bien parfont,
En l'abitacle ou la fontaine sort;
Arbres i ot et herbes a foison.
Un castelet ot fermé sur le mont.
(*Moniage Guillaume*).

Le personnage qui sanctifia ces lieux, le fondateur de l'abbaye, le « *genius loci* » s'appelait Guillaume, comte de Toulouse. Il vivait au temps de Charlemagne. Les textes de l'époque carolingienne qui font mention de lui, sont brefs. Voici ce qu'ils nous apprennent: Guillaume était le fils d'un franc, le comte Thierry, et d'Aude, fille de Charles Martel — et par là cousin-germain de Charlemagne. Cet homme du Nord fut envoyé dans le Midi et nommé par l'empereur comte de Toulouse pour combattre les Sarrazins d'Espagne. Après une longue vie consacrée à guerroyer contre les infidèles, il se retira du siècle, se fit moine à Aniane et se fixa bientôt dans la solitude voisine de Gellone où il fonda un monastère. Il y mourut peu après. L'Église le révère sous le nom de saint Guillaume.

Ces faits se placent entre l'année 790 et l'année 815. Personnage et monastère, Guillaume et Gellone, auraient depuis longtemps disparu du souvenir des hommes, si, au XIe et au XIIe siècles, des moines et des poètes n'avaient ressuscité le saint et l'abbaye. De cette union de la piété et de la poésie, l'obscur comte carolingien sortit transformé. L'image confuse de Guillaume de Toulouse se mua en une des plus éclatantes figures du moyen âge, en un saint-héros où se combinaient les traits du saint Guillaume de l'Église et du Guillaume d'Orange des trouvères. Comment et pourquoi s'opéra cette transformation ?

L'histoire de la vocation de Guillaume de Toulouse, de son séjour à Aniane près de Benoît, de la fondation du monastère de Gellone où il mourut, nous est contée par un moine nommé Ardon, disciple de Benoît d'Aniane : ce pieux personnage écrivit en 823, peu après la mort du saint, une vie de son maître. Dans ce récit authentique et contemporain, on voit très nettement établie la filiation qui unit Aniane et Gellone, l'abbaye-mère à l'abbaye-fille. Deux cents ans plus tard, au XIe et au XIIe siècles, une grande querelle divise les deux abbayes. Gellone prétend être indépendante d'Aniane ; Aniane soutient sa suprématie sur Gellone. Chacun défend ses positions et dans l'ardeur de la lutte chacun fabrique des documents faux, testaments, actes de donation, qui sont soumis au jugement de Rome. Les papes, à plusieurs reprises, condamnèrent Aniane. Les prétentions de Gellone triomphèrent.

Quelle était la cause de la querelle entre Aniane et Gellone ? Pourquoi cette haine acharnée entre la mère et la fille ? Pourquoi tous ces documents faux que les deux abbayes s'opposaient sans vergogne dans l'interminable procès qu'elles avaient engagé devant la cour de Rome ? Était-ce un effet de je ne sais quel patriotisme monastique qui poussait chaque abbaye à revendiquer pour elle la gloire de saint Guillaume? Sans doute. Mais à la rivalité qui divisait les deux monastères on trouverait aussi des raisons « économiques. » Et je ne veux pas dire que ce soient les principales. L'abbaye de Gellone possédait des reliques d'une importance capitale : d'abord le tombeau du Saint, puis des ossements, en particulier le bras, que l'on montrait dans un reliquaire, le bras du fameux Guillaume Fierabras de l'épopée, et surtout un fragment de la Vraie Croix, qui, d'après la tradition, avait été donné à Guillaume par Charlemagne. Quel attrait pour des pèlerins, quelle source abondante de biens temporels pour ceux qui sauraient les attirer et les retenir! De fait, à partir du XIe siècle les donations affluent à Gellone. On considère comme un insigne honneur de se faire ensevelir près du tombeau du Saint. Bientôt, les possessions de l'abbaye s'étendent dans les diocèses voisins — Lodève, Maguelone, Béziers, Agde, Nîmes, Rodez, Gap, jusqu'en Espagne et en Portugal. Que Gellone désirât conserver ces bénéfices, et qu'Aniane, l'abbaye-mère, prétendît à y participer, quoi de plus naturel? Et comment ces questions d'argent n'auraient-elles pas engendré des querelles?

C'est au cours de cette lutte singulière que l'on voit se former la légende de saint Guilhem. Du fondateur du monastère on ne savait plus rien au XIIe siècle. Il fallait lui reconstituer un état civil et une biographie complète, pour la raconter aux pèlerins. On en avait fait autant pour saint Gilles. C'est la tâche qu'entreprirent les moines de Gellone. « La Vie de saint Guillaume, » composée entre 1122 et 1130, présentait la figure du personnage complètement constituée. M. C. Révillout, qui a le premier analysé ce texte, en a fort ingénieusement dégagé les sources. La vie du saint comprenait deux phases distinctes : — dans le siècle, — dans le cloître. L'épisode de la conversion de Guillaume, de sa vie à Aniane et de sa mort à Aniane, conté par Ardon dans sa vie de saint Benoît, fournissait le thème de la période monacale. Il suffisait d'amplifier le récit un peu sec du vieux moine carolingien et d'imaginer quelques pieux épisodes suivant les règles de la littérature hagiographique. Pour la vie mondaine du personnage, on était plus embarrassé parce qu'on manquait de documents historiques. On se tira d'affaire en inventant des histoires, surtout en s'inspirant des poèmes qui constituent le cycle de Guillaume d'Orange.

C'était l'époque — les beaux travaux de M. J. Bédier nous l'ont enseigné — où l'épopée française se constituait, à une longue distance des événements qu'elle retrace et qu'elle n'a point la prétention de raconter. Les hommes du moyen âge ne recherchaient point, dans les chansons de gestes, de l'histoire, mais de belles histoires, de la poésie et du roman, disons de l'histoire romancée. Les poètes leur offraient, à propos de grands noms, comme les moines à propos de leurs saints, des récits imaginaires. Ainsi, le comte Guillaume de Toulouse a bien, de l'avis unanime, servi de prototype au Guillaume d'Orange de l'épopée, sans préjudice de traits empruntés à d'autres Guillaume plus ou moins bien déterminés. Mais, de l'historicité du Guillaume épique, il ne reste en définitive que deux faits essentiels : c'est qu'il fut un grand pourfendeur de Sarrazins et qu'il termina sa vie dans un cloître où il mourut en odeur de sainteté. Tout le reste, tous les épisodes variés des 24 poèmes, des 150.000 vers du cycle de Guillaume d'Orange, sont dus à l'imagination des jongleurs.

C'était là une source parfaitement appropriée aux besoins des moines de Gellone, occupés à composer la légende de saint Guilhem. Les poèmes présentaient même sur le récit, peu répandu, du moine Ardon, cette supériorité qu'ils racontaient des épisodes familiers aux hommes du moyen âge. Voilà comment le saint de Gellone finit par se confondre avec le personnage de l'épopée, Saint Guillaume avec Guillaume d'Orange, d'autant mieux que, par un singulier phénomène de choc en retour, les jongleurs, de leur côté, empruntaient aux pieuses légendes du monastère quelques-uns des traits de la physionomie de leur héros. De cette collaboration se dégageait dans le récit hagiographique et dans l'épopée une figure idéale, celle du chevalier chrétien, défenseur de la foi contre les Sarrazins, du héros tel que pouvait le concevoir le siècle des Croisades. Saint Guilhem, c'était le noble seigneur qui avait consacré toutes ses forces à la guerre contre les infidèles, qui, au soir de sa vie, s'était réfugié dans le sein de Dieu. Saint Guilhem, c'était le héros, le fameux Guillaume d'Orange, dont les poètes chantaient les exploits en d'innombrables vers. Ainsi le saint de Gellone apparaissait comme le plus vivant, le plus actuel des saints. Il avait été fait à l'image des hommes de la Croisade. Faut-il s'étonner qu'ils se soient reconnus en lui et qu'ils l'aient particulièrement honoré? Voilà le chef-d'œuvre qu'avaient réalisé les moines de Gellone. Qui songerait à leur reprocher d'avoir un peu triché afin de le garder tout entier pour eux ?

La légende de saint Guilhem s'est formée au XIe et au XIIe siècle, en même temps que se développait le sanctuaire. Le lieu de pèlerinage dut certainement son succès et son importance à l'excellence de sa situation, à proximité de la Voie Toulousaine et à la bifurcation des routes qui conduisaient vers les sanctuaires mineurs de Conques et de Rocamadour. Cet emplacement favorable, à un croisement de routes, avait été amélioré encore par de grands travaux publics qui rattachaient l'abbaye au réseau routier de la région.

A l'origine, le monastère de Gellone était situé dans un véritable désert. « Ce lieu est si retiré — écrit au IXe siècle Ardon, dans la vie de saint Benoît d'Aniane[1] — que celui qui l'habite n'a pas à désirer la solitude. Il est entouré, en effet, de toutes parts de montagnes chargées de nuages et il n'est accessible à personne à moins d'y être conduit par le désir de prier. » Gellone se trouvait ainsi isolée et ne communiquait avec le reste du monde que par des sentiers de chèvres. Plus tard, au XIe siècle, lorsque le culte de saint Guillaume se fut développé et que le

1. Ch. IX.

pèlerinage se fut établi, deux routes conduisaient à l'abbaye : l'une venait du Sud et suivait le cours de l'Hérault, depuis la sortie des gorges ; l'autre venait de l'Ouest et descendait du causse de Larzac par la vallée du Verdus. La première était de beaucoup la plus importante : elle reliait l'abbaye à la maison-mère d'Aniane, à la riche plaine du Languedoc, à la grande voie internationale qui la traversait ; c'était la route principale d'accès au sanctuaire. Pour en faciliter l'usage, on construisit entre 1036 et 1048, aux frais des monastères d'Aniane et de Gellone, un pont sur l'Hérault, immédiatement à la sortie des gorges : c'est le fameux pont du Diable, d'où, suivant la légende, saint Guillaume avait précipité le démon au fond du torrent :

Ains le diable puis ne s'en remua ;
Tous tans i gist et tous tans i girra.
L'aighe i tornoie, ja coie ne sera ;
Grans est la fosse et noire contreval.

(*Moniage Guillaume*).

Le pont du XIe siècle subsiste encore et sert toujours à la circulation : il était de bonne construction. Il se compose de quatre arches d'inégale ouverture, reposant sur le roc vif, et construites en petits moellons bien appareillés. La superstructure, avec les parapets, est seule moderne. Le reste n'a pas bronché depuis plus de mille ans. De même, la route actuelle qui conduit à Saint-Guilhem, en suivant la rive droite de l'Hérault, s'est exactement superposée à la route du moyen âge, passe devant la Clamouse retentissante et aboutit à l'entrée de l'abbaye.

L'autre route, celle de l'Ouest, était moins fréquentée. Au sortir de l'abbaye, elle remontait sur un parcours de quelques centaines de mètres le cours du Verdus ; puis une chaussée, parfaitement conservée encore, grimpait hardiment par une série de lacets, sur le flanc des escarpements du causse et atteignait le Larzac. De là, les pèlerins qui suivaient cette route, se dirigeaient par Millau vers les sanctuaires réputés de Conques et de Rocamadour :

Par la iront Rochemadoul oier
A Nostre Dame qui en la roche siet.
(*Moniage Guillaume*).

La route du Sud reliait Gellone à la grande voie du pèlerinage de Saint-Jacques-de-Compostelle. La route de l'Ouest conduisait aux pèlerinages secondaires du Rouergue et du Quercy. L'abbaye de saint Guillaume se rattachait ainsi à la circulation générale des pèlerins du moyen âge : elle devint elle-même le centre d'un des plus importants pèlerinages du midi.

Au point de jonction des deux routes, dans l'étranglement de la vallée du Verdus avant son confluent, apparaissait le monastère, derrière ses remparts. L'aspect n'en a pas beaucoup changé depuis le moyen âge. Le village actuel, avec ses rues sinueuses et fortement déclives, bordées de petites maisons basses et sombres remontant à l'époque romane, avec, au centre, la masse imposante de son église, conserve encore son caractère monastique. Il ne manque plus que les remparts qui enveloppaient l'abbaye et ses dépendances, et qui furent détruits seulement au temps de la Révolution. Ils dataient du XIIIe siècle, du temps où les richesses du monastère pouvaient exciter la convoitise des pillards et des routiers. Ils comprenaient seulement deux lignes de murailles qui barraient en deux endroits, d'une montagne à l'autre, l'étroite gorge du Verdus, et qui se rejoignaient à un château-fort — le château du Géant — construit au sommet de la colline qui domine Saint-Guilhem au Nord. Au-dessous de ce château se dresse encore une tour où s'ouvrait la porte basse de ce donjon. Les deux barrages fortifiés, combinés avec les escarpements de la montagne, formaient une enceinte imprenable. Deux portes seulement y étaient percées, l'une à l'Ouest vers la haute vallée du Verdus, l'autre à l'Est, du côté de l'Hérault. Près de cette porte, la principale, on voit encore les restes d'une tour d'enceinte demi-circulaire, décorée d'une arcature à sa partie supérieure : c'est l'abside de l'église Saint-Laurent — l'une des deux paroisses de Saint-Guilhem — qui était incorporée aux remparts et concourait avec eux à la défense du monastère.

De l'ancienne abbaye il ne reste plus aujourd'hui que l'église et une partie du cloître. Les autres bâtiments, respectés par la Révolution, sont de date relativement récente et ne présentent point d'intérêt.

L'église est une construction compliquée où se combinent des parties d'époques différentes. L'analyse en est rendue très facile par un mémoire récent de M. E. Bonnet. Une nef principale, précédée d'un narthex et terminée par une abside, deux collatéraux très étroits et un transept flanqué de deux absidioles : voilà les éléments essentiels du plan, assez rare dans la région où les églises romanes à trois nefs sont l'exception.

De la construction primitive du IXe siècle, contemporaine de Saint-Guilhem, il ne reste, bien entendu, absolument rien. C'est le cas de tous ou presque tous les monuments carolingiens du Midi. Du reste, l'église ne devait être, à l'origine, qu'une bâtisse très rudimentaire, une chapelle rurale, comme il convenait dans un désert. A Aniane même, la maison-mère élevée par saint Benoît, on n'avait, au dire de l'hagiographe Ardon [1], employé que des matériaux grossiers, et même du chaume pour la couverture, « *stramine vilique materia*[1] ». L'ermitage de Saint-Guilhem — détruit par un incendie ou tout autre cause — fut remplacé dans le cours du XIe siècle, lorsque le pèlerinage commença à prospérer. La construction du pont du Diable entre 1036 et 1048 a dû probablement coïncider avec les travaux d'agrandissement de l'abbaye : le pont devait servir à la fois au passage des pèlerins et au transport des matériaux. D'autre part, la date de 1076 fixée, dans le martyrologe de Gellone, pour la dédicace d'une église de Saint-Guilhem, paraît, sans aucun doute, se rapporter à notre église, comme l'a fait observer le premier M. E. Bonnet. Dans ces conditions, la

1. Vita. Ch. III.

partie la plus ancienne de l'église daterait du troisième quart du XIe siècle. Cette partie se reconnaît facilement : elle comprend la nef principale et les collatéraux, car le transept avec ses trois absides disproportionnées constitue manifestement une addition postérieure. Le plan de l'église du XIe siècle se laisse donc reconstituer sans difficulté : il suffit de remplacer le chevet actuel par une abside de petites dimensions qui ferme la nef principale, et de supprimer les bras saillants du transept. On obtient ainsi une construction rectangulaire, avec une seule abside en saillie sur un des petits côtés, les absidioles étant ménagées dans l'intérieur du mur.

Les trois nefs de l'église étaient voûtées en berceau plein cintre : elles comportaient quatre travées, séparées par des doubleaux très simples, dont les retombées reposent sur des piliers cruciformes. La première travée était occupée, comme à Maguelone, par une vaste tribune qui communiquait directement avec l'étage supérieur du cloître et qui servait de chœur aux moines. L'éclairage de la nef principale est donné par des fenêtres qui s'ouvrent, dans chaque travée, au-dessus des grandes arcades. Le collatéral du Nord est seul percé d'étroites meurtrières. La décoration est réduite à sa plus simple expression : ni peinture, ni sculpture ; seulement, de chaque côté de la nef majeure, une imposte chanfreinée formant corniche à hauteur du sommet des piliers, et puis la beauté de l'appareillage, dissimulé aujourd'hui sous un affreux badigeon.

Le chevet, avec le transept et les trois absides, ne se raccorde en aucune façon à la partie antérieure de l'église. Il était destiné à un édifice beaucoup plus important qui devait remplacer le premier devenu sans doute insuffisant. Pourquoi les travaux n'ont-ils pas été poussés plus loin et pourquoi les nefs du XIe siècle ont-elles été conservées ? Nous n'en savons rien ou plutôt nous nous en doutons. A quelle date le chevet a-t-il été reconstruit ? Nous l'ignorons aussi. Mais si les textes restent muets, le caractère de la construction et du décor annonce le style roman complètement développé, tel qu'il paraît dans notre région en la première moitié du XIIe siècle: c'est à cette époque qu'il convient d'attribuer le chevet de Saint-Guilhem.

Le transept forme saillie sur les murs extérieurs de l'église. On s'est contenté, pour établir la communication avec la nef, de percer les murs de la dernière travée: le transept actuel n'est ainsi qu'une combinaison provisoire — restée définitive — d'une travée de l'ancienne église du XIe siècle avec les croisillons nouveaux du XIIe. Sur chacun des croisillons s'ouvre une chapelle[1] demi-circulaire, précédée d'une travée de chœur et orientée comme l'abside principale. Précédée de l'arc triomphal, l'abside, en cul de four, est percée de trois fenêtres. Le décor, très sobre à l'intérieur, présente, à l'extérieur, une grande richesse; dans la galerie d'arcatures aveugles de l'abside et dans les fenêtres, l'architecte a utilisé toutes les ressources de l'arc en plein cintre supporté par des colonnettes à chapiteaux sculptés.

Le narthex ou « gimel » qui précède l'église forme la partie la plus récente de la construction. Il comprend une salle à peu près carrée de 5 mètres de côté, plus étroite que la nef principale de l'église. Il est voûté sur croisées d'ogives: les nervures, formées d'un gros tore saillant et réunies par une clef commune, présentent un caractère très archaïque. Un texte[2] nous apprend que le narthex fut construit à la suite du concile tenu à Albi en 1165 contre les Albigeois, pour recevoir les hérétiques pénitents.

1. Dans la chapelle du croisillon Nord transformée en Musée lapidaire on a recueilli des fragments de sculptures provenant de l'abbaye : 1° un sarcophage chrétien du type du Sud-Ouest (VIe-VIIe siècle), avec le Christ et les 12 Apôtres, Adam et Eve, les jeunes Hébreux, où, d'après la tradition, étaient ensevelies les sœurs de saint Guilhem, Albane et Bertane. — 2° fragments de marbre décorés d'entrelacs, probablement les restes d'un chevet de l'époque carolingienne. — 3° l'autel de Saint-Guilhem, consacré en 1138, un des plus beaux autels romans connus, décoré de trois panneaux de marbre blanc avec des sujets (Christ en croix, Christ en gloire) gravés en faible relief et rehaussés par des incrustations en pâte de verre. — 4° la pierre tombale de Bernard de Mèze, abbé de Saint-Guilhem de 1170 à 1189, et celle de l'abbé de Bonneval (1303-1317). — 5° enfin un fragment important de bas-relief qui faisait partie de la décoration supérieure du cloître, et où l'on voit représentés deux apôtres (fin XIIe — commencement XIIIe siècle).

2. *Chronologia abbatum S^i Guilhelmi*, p. 184.

Enfin, le clocher construit sur le narthex date seulement du xve siècle. Des modifications tardives furent encore apportées du xiie au xviiie siècle dans les croisillons, où furent établies des tribunes à balustres.

Tels sont les éléments essentiels de l'église. On y retrouve comme un reflet des destinées du pèlerinage : l'essor du xie siècle voit la construction de l'édifice ; la grande prospérité du xiie permet d'entreprendre l'agrandissement et l'embellissement du sanctuaire ; la médiocrité du narthex coïncide avec la croisade des Albigeois ; enfin la désolation du pays au xiiie siècle marque sans doute l'interruption, puis l'abandon définitif des grands projets.

Autour de l'église se dressaient les constructions monastiques. Mais des divers bâtiments de l'abbaye, seuls ont été conservés des morceaux du cloître. Il formait un quadrilatère de 13^m,50 sur 15m. dont un des côtés s'appuyait sur le flanc méridional de l'église. Suivant l'usage, sur les trois autres côtés s'ouvraient au sud les appartements de l'abbé, à l'Est la salle capitulaire, à l'Ouest le réfectoire. Le cloître comportait deux étages superposés ; la galerie du rez-de-chaussée était bordée, du côté du préau, par des arcades à baies géminées séparées par une colonnette. M. E. Bonnet signale avec juste raison l'analogie de ces colonnettes et de leurs chapiteaux avec celles de l'arcature aveugle de l'abside et considère le cloître comme contemporain du chevet, c'est-à-dire de la première moitié du xiie siècle. Les galeries paraissent avoir été couvertes de voûtes d'arêtes ; mais la plus grande partie de ces voûtes a été détruite et celles qui ont été conservées ont été refaites ou remaniées. De l'étage supérieur on ne voit plus aujourd'hui que des traces. Mais d'après les débris de sculptures et surtout les chapiteaux qui en ont été conservés[1], on voit que la décoration

1. Quelques-uns ont été recueillis dans la chapelle du croisillon nord de l'abside ; d'autres au Musée de la Société archéologique de Montpellier ; d'autres enfin (publiés par J. Renouvier, *Histoire ... de saint Guilhem*, pl. XIII, XIV, XV, et par Revoil, *Arch. romane*, III, pl. 55, 56), qui appartenaient à M. Vernière, juge de paix à Aniane, ont été transportés en Amérique.

en était très riche. Ces monuments doivent être rapprochés des sculptures de la région toulousaine que l'on s'accorde à attribuer à la fin du XIIe et au commencement du XIIIe siècle. Cette date s'appliquerait donc en même temps aux chapiteaux et à la galerie supérieure du cloître, plus récente par conséquent que la galerie inférieure.

Voilà tout ce qui reste de l'abbaye de Saint-Guilhem. L'église et son cloître ruiné, les remparts et le château-fort, le village aux vieilles maisons romanes serrées autour du monastère, le site surtout, un des plus grandioses du midi, avec ses roches étincelantes et ses eaux vives, tout cela nous permet d'évoquer le sanctuaire fameux où s'épanouit au XIIe siècle la légende de Saint-Guilhem, une des fleurs les plus rares de la poésie du moyen âge.

SAINT-MARTIN-DE-LONDRES[1].

Le village de Saint-Martin-de-Londres est situé au Nord du Pic Saint-Loup, à l'angle Sud-Ouest de la petite plaine humide qui occupe le fond d'un ancien lac tertiaire. Des habitations se sont construites à l'endroit où les terres sont le plus fertiles, à une époque qu'il n'est pas possible de déterminer.

Au XIe siècle la seigneurie de Saint-Martin était aux mains de la famille Guilhem de Montarnaud. Le premier texte qui en fasse mention est un acte daté de 1088, en vertu duquel Adhémar Guilhem donne l'église de Saint-Martin à l'abbaye de Gellone (Saint-Guilhem-le-Désert). Immédiatement après fut constitué le prieuré de Saint-Martin, dont le prieur était toujours choisi parmi les moines de Saint-Guilhem. Vers 1250, Bertrand Guilhem, seigneur de Saint-Martin, vendit le fief de Saint-Martin au prieur qui devint ainsi seigneur de Saint-Mart.inMais, dès ce moment, se constituait, en face du pouvoir seigneurial, un pouvoir nouveau, la commune de Saint-Martin,

1. E. Bonnet, *Antiquités et monuments du département de l'Hérault*, p. 433 et passim. — L'abbé Bougette, *Histoire de Saint-Martin-de-Londres*, 1909.

dont les syndics (consuls) rendaient la justice concurremment avec le seigneur.

Le village, avec ses ruelles étroites qui n'ont guère changé depuis cinq siècles, s'étage à flanc de coteau. Dans la partie haute, sur une petite place — l'ancien cimetière — entourée de hautes murailles contre lesquelles s'appuient de très vieilles maisons, s'élève l'église, un des édifices romans les plus intéressants de la région.

Elle se compose d'une nef à deux travées[1] et de trois absides demi-circulaires, disposées l'une en prolongement de la nef principale et les deux autres aux extrémités des bras du transept. Le plan en forme de trèfle, ainsi obtenu, rare en France, fréquent dans l'architecture lombarde, témoigne des influences qui se sont exercée sur les constructions romanes de ce pays. L'abside principale est précédée d'une petite travée qui lui donne plus de profondeur et qui joue le rôle de chœur.

La nef est couverte, suivant la règle, d'une voûte en berceau, avec doubleaux reposant sur des demi-colonnes engagées. La croisée du transept forme un carré recouvert d'une coupole ovoïde sur trompes, dont les irrégularités témoignent de l'inexpérience du constructeur « à racheter le carré ».

Trois fenêtres dans chaque abside assurent l'éclairage de l'église.

La décoration, très sobre, comprend seulement quelques chapiteaux ornés de hachures, une corniche où sont, par endroits, disposés des damiers, enfin, dans l'abside principale, cinq arcatures reposant sur quatre colonnettes à deux pilastres.

La porte de l'église s'ouvre sur le côté méridional, qui présentait un abri contre le vent du Nord. Elle est précédée d'un porche ou *Gimel*, de construction plus récente que l'église

1. La nef a été prolongée récemment de deux travées dont la construction a amené la disparition d'une tribune qui se trouvait dans le bas de l'église. Sur le mur du fond a été appliqué un autel roman, l'autel primitif de l'église. Seule la face antérieure est visible. Elle se compose de trois arcatures reposant sur quatre colonnes torses.

elle-même, comme le prouve la voûte sur croisée d'ogives qui la recouvre.

L'extérieur de l'église offre un ensemble harmonieux. Les trois absides sont surmontées d'une coupole octogonale que couronne un lanternon carré à fenêtres romanes. La décoration, plus riche qu'à l'intérieur, consiste essentiellement en une rangée de petites arcatures, dites lombardes, disposées trois par trois, à la partie supérieure des absides, sous la corniche, entre des pilastres peu saillants, et surmontées d'une frise continue en dents d'engrenage; le même motif est répété sur les huit faces de la coupole. Enfin, les pierres bien appareillées, ornées de tailles en forme d'arêtes, complètent la beauté sobre de l'édifice.

Aucun texte ne nous renseigne sur la date de la construction. Pourtant, il est permis de penser que l'église n'a pu être élevée qu'après la cession faite par Guilhem de Montarnaud à l'abbaye de Gellone en 1088. D'autre part, on découvre entre les absides de Saint-Martin-de-Londres et celles de Saint-Guilhem des analogies si étroites, principalement dans la décoration, qu'on peut les considérer comme à peu près contemporaines (vers 1100). L'église de Saint-Martin plus simple, plus sobre que l'église ou plutôt que le chevet de Saint-Guilhem, plus riche, mais non plus parfait, est-elle antérieure à celui-ci? C'est ce qu'il ne paraît pas possible de décider.

Le porche, avec ses croisées d'ogives de type archaïque, en forme de boudins, peut être, lui aussi, rapproché de celui de Saint-Guilhem et attribué, comme lui, à la deuxième moitié du XIIe siècle.

Les remparts. — Au moyen âge, Saint-Martin-de-Londres était entouré de remparts. Un texte de 1162 nous renseigne sur l'aspect du village, qui se composait alors de « l'enclos » et de « la ville ». L'enclos comprenait l'église, la maison seigneuriale, une tour, la maison du prieur et des clercs, le cimetière et quelques maisons. L'acte ne mentionne pas d'autres fortifications qu'une tour dont on pourrait reconnaître les substructions à l'O. de l'église, dans les gros blocs de pierre irréguliers simplement épannelés et joints sans mortier.

La muraille qui entoure l'enclos, en grande partie conservée, avec des traces de remaniements, aurait donc été construite après 1162, à une époque où les difficultés entre le seigneur et les habitants l'obligèrent à se protéger. Un portail en plein cintre, surmonté d'une tour carrée, faisait communiquer la ville et l'enclos.

Jusque-là, l'enclos seul était fortifié. Au XIVe siècle, il fallut se défendre contre les Grandes Compagnies qui désolaient le Languedoc. On construisit alors une seconde enceinte qui enveloppait la ville tout entière, et dans laquelle l'enclos formait comme un réduit séparé. Trois portes fortifiées s'ouvraient sur trois des faces de la muraille, et deux tours circulaires se dressaient aux angles du front. Une de ces deux tours subsiste encore; la plus grande partie de la fortification a été démolie au cours du XIXe siècle.

AIGUES-MORTES.

La désolation fameuse des Marais d'Aigues-Mortes
(*M. Barrès*).

BIBLIOGRAPHIE. — Lenthéric, *Les villes mortes du golfe du Lion*, 1876 (lire avec précaution); — Pagézy, *Mémoires sur le port d'Aigues-Mortes*, 1879 et 1886; — Duponchel, *Les atterrissements du Rhône dans la région d'Aigues-Mortes*, dans *Bulletin de la Société Languedocienne de géographie*, 1894; — Labande, *Guide du congrès d'Avignon*, 1904.

Une visite à Aigues-Mortes est pleine d'enseignement : on y voit le spectacle de l'énergie française dans le présent et dans le passé. Les agriculteurs qui aujourd'hui s'emparent de terrains à peine émergés, les conquièrent à la culture, les couvrent de plantations de vignes, construisent des celliers gigantesques — modernes cathédrales — sur un sol fixé d'hier, sont les dignes successeurs des Français du XIIIe siècle, qui, au temps de saint Louis, s'installèrent dans ces marécages et firent surgir au milieu de la lagune une ville ceinte de remparts et de tours encore debout. Aigues-Mortes fut le premier port français en Méditerranée, la première étape de la conquête de notre littoral méditerranéen, le point de départ de notre politique méditerranéenne. Aigues-Mortes mérite donc une visite. Mais cette visite, pour être profitable, doit être accompagnée — tant un passé, pourtant si récent, s'est obscurci — d'un commentaire historique, géographique et archéologique.

Ce fut la nécessité de posséder en propre sur le littoral méditerranéen un « point d'appui » où il pût organiser en sécurité son expédition pour la Croisade, qui conduisit saint Louis dans le marais d'Aigues-Mortes. Il n'y avait en effet de disponible que cette lagune; la Provence se rattachait alors au Saint-Empire romain germanique; les ports du Bas-Languedoc relevaient du roi d'Aragon ou des comtes de Toulouse. La lagune d'Aigues-Mortes, où se trouvait un petit port de pêche, appartenait à l'abbaye de Psalmody. En l'acquérant en 1248, pour y installer un camp qui devint plus tard une ville fortifiée, saint Louis s'ouvrait une fenêtre sur la Méditerranée. Ce choix qui nous surprend aujourd'hui, où nous sommes habitués aux ports en eau profonde, présentait néanmoins des avantages. Le port d'Aigues-Mortes communiquait par un canal (le Bourgidou actuel) avec le Rhône, la grande voie d'accès vers le Nord et les États du roi de France, — et par un autre canal (la Radelle actuelle) avec le chapelet d'étangs derrière lesquels s'abritaient les grandes villes de Montpellier et de Narbonne. Aigues-Mortes était destinée à devenir le port de guerre et le port de commerce du roi de France.

Mais où se trouvait le port d'Aigues-Mortes? La réponse à cette question est moins simple qu'il ne paraît au premier abord. Le problème, dont la solution n'est pas évidente, s'est obscurci à mesure qu'on cherchait à l'éclaircir et a fini par se transformer en une véritable énigme. C'est à M. l'ingénieur Duponchel qu'on doit d'avoir définitivement résolu la question. Toute la difficulté est venue des transformations produites dans le site par les atterrissements du Rhône. Ces transformations, qui se produisent encore sous nos yeux, personne ne songe à les nier. Il fallait seulement les interpréter scientifiquement et expliquer dans quelle mesure elles ont modifié la situation du port d'Aigues-Mortes.

Le géologue Émilien Dumas, de Sommières, a démontré le premier, vers le milieu du siècle dernier, que la bordure maritime de la Camargue était constituée par quatre cordons littoraux successifs, en retrait les uns sur les autres Chacun d'eux a représenté, à un moment donné, la limite de la mer. Ils marquent donc quatre étapes des atterrissements du Rhône. Aigues-Mortes est construite sur le deuxième cordon (à compter à partir de la terre ferme). Une première ligne d'étangs la sépare du troisième cordon et, pour arriver à la mer, il faut encore franchir une seconde ligne d'étangs et un quatrième cordon. Un canal d'environ cinq kilomètres et demi réunit presque en ligne droite Aigues-Mortes à la mer.

Tel est l'état actuel. S'est-il modifié depuis le temps de saint Louis ? A n'en pas douter, oui. On peut se dispenser d'exposer les diverses hypothèses, aujourd'hui périmées, qu'on imagina pour expliquer la situation d'Aigues-Mortes dans la lagune et la navigation entre ce port et la mer. Une observation de fait permet de rejeter la plupart d'entre elles, d'établir avec certitude la réalité des atterrissements du Rhône depuis l'époque de saint Louis et d'en mesurer avec précision l'étendue : c'est l'existence de la digue de *la Peyrade*.

La Peyrade est un puissant massif de maçonnerie, long encore d'environ 800 mètres, orienté de l'Est à l'Ouest, enraciné en quelque sorte dans le troisième cordon littoral, à une distance de deux kilomètres d'Aigues-Mortes, au Sud. Les enrochements, conservés en partie, montrent qu'il s'agit d'un ouvrage à la mer, d'un môle. La taille des pierres, analogue à celle des remparts, une borne, aujourd'hui disparue, portant les fleurs de lys royales, prouvent que cet ouvrage date du XIIIe siècle. De là résulte que la Peyrade était le môle qui protégeait alors l'entrée du canal d'Aigues-Mortes, comme aujourd'hui le môle du Grau du Roi — que, par conséquent, au XIIIe siècle, la mer s'étendait jusqu'au troisième cordon littoral — et qu'enfin la formation du quatrième cordon littoral, où se trouve aujourd'hui le Grau du Roi, est postérieure au temps de saint Louis.

Les textes confirment cette interprétation, qui peut être considérée comme certaine. Voici donc l'idée qu'il convient de se faire du port d'Aigues-Mortes au moyen âge. La Peyrade était la digue placée à l'entrée du port, avec quais d'accostage pour les navires que leur tonnage empêchait de pénétrer dans le port intérieur. A la Peyrade aboutissait donc un canal qui conduisait au port intérieur. Ce port n'était pas constitué par la nappe d'eau indéfinie des étangs, mais par des parties de la lagune spécialement aménagées pour la navigation, sans doute dans le voisinage immédiat des murs qui étaient entourés d'un fossé. Peut-être ce fossé, élargi sur la face Ouest, où se trouve la tour de Constance, et sur la face Sud, par où entra Charles Quint, représentait-il justement le port, avec quais de débarquement. En sorte que le port d'Aigues-Mortes, situé près des remparts, avec son canal débouchant dans la mer à la Peyrade, ne différait pas sensiblement du port actuel, avec cette seule différence que la Peyrade a été reportée à quatre kilomètres plus au Sud, au Grau du Roi : et cet espace représente précisément les atterrissements du Rhône depuis cette époque.

Le port d'Aigues-Mortes fonctionna ainsi pendant trois siècles ; il est possible même de déterminer exactement l'époque à laquelle la Peyrade se trouva isolée de la mer par la constitution du quatrième cordon littoral. D'une enquête ouverte en 1592 à l'effet de remédier à l'ensablement du port d'Aigues-Mortes, il résulte que pendant tout le moyen âge le petit Rhône débouchait dans la mer, au grau de la Chèvre, à deux kilomètres au Sud de la Peyrade ; que, dans le courant du XVIe siècle, cette embouchure se déplaça vers l'Est au grau actuel d'Orgon. Ce déplacement, provoqué par des travaux des habitants des Saintes-Maries, eut pour conséquence le développement très rapide de la flèche de sable de l'Espiguette et la formation du quatrième cordon littoral, qui donnait naissance aux étangs du Repau et du Repausset. Aigues-Mortes ne communiquait plus avec la mer que par des graus temporaires et intermittents, — comme le Grau Louis ou le Grau de la Croisette, aujourd'hui fermés — jusqu'au jour où la Grande Roubine, établie en 1727 entre Aigues-Mortes et le Grau du Roi, remit les choses en l'état — en l'état où elles étaient au XIIIe siècle.

Tels sont les changements survenus dans le golfe d'Aigues-Mortes depuis l'époque de saint Louis. Ils ont affecté le port d'Aigues-Mortes assez tard pour que son rôle historique et économique ait duré près de trois siècles. Premier point d'appui des flottes françaises dans la Méditerranée, il a rendu possible la participation du roi de France aux deux dernières Croisades. Mais surtout cette enclave française devenait comme un centre d'attraction qui devait absorber les régions voisines et étendre le domaine méditerranéen de la France. Ce fut d'abord Montpellier, la plus grande ville maritime du Languedoc, dont le commerce devint tributaire d'Aigues-Mortes, en attendant l'incorporation au domaine royal en 1349. Dès lors, le mouvement commercial d'Aigues-Mortes s'élève à une somme équivalant à 150 millions de notre monnaie. Aigues-Mortes resta pendant tout le XIIIe siècle le grand port français du Languedoc. Il fallut, pour arrêter cette prospérité, l'annexion de la Provence au royaume de France au XVe siècle. L'activité économique de la France se déplaçait naturellement vers Marseille. De ce jour, le rôle historique d'Aigues-Mortes était terminé.

Les Remparts. — L'arrêt du développement et l'abandon d'Aigues-Mortes ont sauvé les remparts d'Aigues-Mortes de la destruction. Ils offrent aujourd'hui le spécimen le plus complet que nous ayons conservé d'une fortification du XIIIe siècle, presque tout entière sans retouches ni restaurations.

La ville fut fondée par saint Louis; mais les remparts ne furent construits que sous son successeur, à la suite d'une convention passée en 1272 à Marmande entre Philippe le Hardi et le Gênois Guillaume Boccanegra. D'une enquête faite en 1289, il résulte qu'à cette date les fortifications n'étaient pas encore terminées.

Les murailles forment un quadrilatère à peu près parfait. Elles s'infléchissent à l'angle N.-O. pour laisser en dehors la tour de Constance. Aux trois autres angles, elles sont flanquées de trois tours rondes. Chaque côté du quadrilatère est formé d'une muraille en courtine, renforcée de distance en distance par des tours, simples ou jumelées. Courtines et tours sont construites en moellons taillés en bossages et couverts de marques de tâcherons. Elles sont couronnées d'un parapet, percé alternativement de créneaux et d'archères. Extérieurement sont ménagés des trous au-dessous des créneaux pour l'installation des hourds. Derrière le parapet circule un chemin de ronde desservant les courtines et les tours.

Des portes, percées entre les tours jumelles et sous certaines tours simples, correspondent aux rues de la ville. Pour en défendre l'accès, chaque tour ou groupe de tours constitue une véritable forteresse à deux étages surmontés d'une plate-forme.

La tour de Constance — ainsi appelée du nom de la femme de Raymond V de Toulouse, fille de Louis le Gros — se dresse en dehors des remparts auxquels elle est reliée aujourd'hui par un pont crénelé. On en attribue généralement la construction à saint Louis, qui l'aurait rebâtie sur l'emplacement d'une tour plus ancienne, la tour Matafère. M. Labande fait observer avec juste raison que la décoration de la tour paraît bien plutôt dater du XIVe siècle que du XIIIe. L'attribution à saint Louis de la construction est donc pour le moins douteuse.

La tour, parfaitement ronde — haute de 29 mètres, large de 22 — a des murs de 6 mètres d'épaisseur. L'étage inférieur, où l'on descendait par une ouverture circulaire, pratiquée au sommet de la voûte, servait de magasins de provisions. Le premier étage se compose d'une vaste salle circulaire voûtée sur branches d'ogives. La voûte est percée au centre. Un couloir circulaire, avec jours sur cette salle, établi à la naissance de la voûte, servait à la défense intérieure de la tour. Les assiégés pouvaient, de là encore, accabler l'ennemi maître du rez-de-chaussée.

Un escalier tournant, établi dans l'épaisseur du mur, conduisait à cette galerie et de là à l'étage supérieur. Une salle en rotonde, semblable à celle du premier étage, est précédée d'un petit vestibule rectangulaire, voûté sur croisée d'ogives ; il est désigné sous le nom d'oratoire de saint Louis, mais le style de l'architecture présente tous les caractères de l'art du XIVe siècle.

L'escalier continue jusqu'à la plate-forme supérieure (parapet moderne), sur laquelle se dresse une tour de guet, haute de de 11 mètres, surmontée d'une lanterne de phare en fer (du XVIe siècle). De là on embrasse un immense panorama[1] : à vos pieds, entre la bordure des Cévennes bleuissantes et l'azur profond de la Méditerranée, s'étend la plaine du Bas-Languedoc et de la Camargue ; des étangs, des canaux, les bras du Rhône, beaucoup d'eau dans un peu de terre, voilà tout le système circulatoire qui répandait la vie dans les grandes villes du passé que furent Arles, Saint-Gilles, Aigues-Mortes, Lunel et Montpellier.

1. Au premier plan, à 3 kilomètres au N.-O., on distingue la tour Carbonière, contemporaine des remparts d'Aigues-Mortes. Elle se dresse sur la route étroite qui traversait les marais, pour défendre cet unique accès de la ville du côté de la terre ferme.

André JOUBIN.

ANGERS. — IMPRIMERIE F. GAULTIER

ANGERS. — IMP. F. GAULTIER.

www.ingramcontent.com/pod-product-compliance
Ingram Content Group UK Ltd.
Pitfield, Milton Keynes, MK11 3LW, UK
UKHW020351180726
13839UKWH00003B/1040

9 782329 039046